L'INDUSTRIALISATION DU CINÉMA LIBANAIS

Logiques sociales

Collection dirigée par Bruno Péquignot

En réunissant des chercheurs, des praticiens et des essayistes, même si la dominante reste universitaire, la collection « Logiques Sociales » entend favoriser les liens entre la recherche non finalisée et l'action sociale.

En laissant toute liberté théorique aux auteurs, elle cherche à promouvoir les recherches qui partent d'un terrain, d'une enquête ou d'une expérience qui augmentent la connaissance empirique des phénomènes sociaux ou qui proposent une innovation méthodologique ou théorique, voire une réévaluation de méthodes ou de systèmes conceptuels classiques.

Dernières parutions

Gaëlle FAYAD, *L'industrialisation du cinéma libanais : stratégies étatiques et technologiques,* 2021.
Gaëlle FAYAD, *L'économie du cinéma libanais : production et distribution,* 2021.
David EMLER, *La politique, l'histoire, la mémoire,* 2021.
Sébastien JAKUBOWSKI, *Les transformations institutionnelles de l'action publique : armées, enseignement supérieur et enseignement scolaire. Contribution à la sociologie des organisations*, 2021.
Claudie SERVIAN, *Hybridité culturelle de la danse théâtrale étatsunienne à partir de la fin du XIXe siècle*, 2021.
Laëtitia OGORZELEC-GUINCHARD, *Des bibliothèques contre l'incertitude. L'expérience ethnographique des pairs comme équipement,* 2021.
Laurent AUCHER, Danielle Champion, *Récits d'anciens métallos*, 2021.
Raymond SALA, Alain TARRIUS, Joan BECAT, *Un millénaire de cosmopolitismes féminins à Perpignan et à ses frontières*, 2021.
Roland GUILLON, *La politique et l'art. Entre globalisation et pandémie,* 2021.
Georges JOURDAM, *L'emploi non salarié. Mutations et transformations*, 2021.

Gaëlle FAYAD
Docteur en économie du cinéma
Université Bordeaux-Montaigne

L'INDUSTRIALISATION DU CINÉMA LIBANAIS : STRATÉGIES ÉTATIQUES ET TECHNOLOGIQUES

Cet ouvrage a été réalisé dans le cadre d'une thèse de doctorat
en « Communication, Arts et Spectacles »
Sous la direction de Joël Augros

L'Harmattan

5-7, rue de l'École-Polytechnique – 75005 Paris
www.editions-harmattan.fr
ISBN : 978-2-343-23041-2
EAN : 9782343230412

Remerciements

Je tiens à saisir cette occasion afin d'adresser mes remerciements les plus sincères aux personnes qui m'ont offert leur soutien. Je remercie vivement et tout particulièrement mon directeur de recherche, Joël Augros, professeur en études cinématographiques à l'Université de Bordeaux Montaigne, pour sa patience, sa disponibilité et surtout, ses judicieux conseils, qui ont contribué à l'aboutissement de ce travail. Je souhaite remercier les professionnels du métier du cinéma qui ont participé à l'étude qualitative, mais aussi la direction des cinémas Empire, Planète et Grand Cinemas pour leur coopération, et également tout spectateur ayant contribué à l'enquête quantitative. Mes remerciements vont tout spécialement à la direction de l'Université de Bordeaux Montaigne et à l'École Doctorale, sans lesquelles ce travail n'aurait probablement jamais été entamé. Je remercie aussi les membres du jury et les rapporteurs pour le temps qu'ils ont consacré à la lecture de mon travail. Ces remerciements ne peuvent s'achever sans une pensée pour mes parents et mon frère. Je tiens aussi à exprimer une profonde gratitude envers mes amies, Dr Norah Roumieh et Dr Dima Mourtada, qui ont su me guider tout au long de ce parcours. Ma reconnaissance va particulièrement à Diana Tass et Mariakenzi Lahlou pour le temps qu'elles ont consacré à la relecture et la correction de ce travail. Un chaleureux merci à Charbel.

« Vous avez votre Liban et j'ai le mien »

Khalil Gibran

Résumé

Après avoir identifié les difficultés de base du secteur cinématographique libanais dans un premier ouvrage *L'Économie du cinéma libanais : production et distribution,* dans lequel est également effectuée une étude qualitative du terrain, l'auteure mène dans cet ouvrage une étude quantitative du côté de l'audience et une analyse des retombées en termes de réception. Elle a pour ambition de proposer des stratégies de développement durable. La reprise du pouvoir par l'État, la création d'un département de cinéma et d'un centre de recherche, la réforme du système éducatif, le recours à la taxation, l'importance du développement des relations avec les télévisions, et la coopération avec les pays arabes y ont été évoqués. De même que, l'importance de la création d'une base de données régionale, l'impact de la technologie en salles, notamment la participation active des spectateurs dans le choix des films, le recours à un algorithme pour les prix des billets et les offres proposées, y ont été étudiés. La démarche de création de deux entreprises par l'auteure, ayant comme but l'établissement d'une union économique saine, est expliquée en détail.

Descripteurs : Économie du Cinéma, Distribution et Exploitation, Marketing et Audience, Nouvelles Technologies.

Abstract

After identifying the main challenges of the Lebanese film industry in *L'Économie du cinema libanais: production et distribution*, in which a qualitative research was carried out in order to study the market, the author conducts in this book a quantitative study exposing the audience's point of view and analyzing its impact. She aims to propose strategies for sustainable development. The takeover of power by the government, the establishment of a cinema department and a research center, the reform of the education system, the importance of tax rebates, the alliance between cinema and television, and the collaboration with Arab countries have been analyzed in depth. In addition, the creation of a regional database, the impact of technology in movie theaters, particularly the ones involving the spectators' active participation in the selection of films, the use of an algorithm to propose new tickets' prices and offers have been explored. Lastly, the author's process in creating two companies aiming to build a healthy economy system is also explained in details.

Keywords: Cinema Economics, Distribution and Exploitation, Marketing and Audience, New Technologies.

INTRODUCTION

Au Liban, l'industrie cinématographique est en transformation perpétuelle. Le nombre de films augmente, même si la productivité annuelle se mue au rythme des mouvements historiques. Toutefois, il est important de noter que le secteur est tout de même touché par des difficultés de base, au niveau des structures de financement et de distribution des films libanais. L'aspect international du cinéma libanais n'est pas toujours pris en compte. Rares sont les films réalisés qui réussissent à la fois localement et internationalement. Néanmoins, le cinéma libanais essaie, bon gré mal gré, d'exister, de se construire et de se faire exporter, malgré les contraintes internes et externes. D'un point de vue général, il n'existe toujours pas de secteur financier fonctionnel œuvrant à la promotion du cinéma libanais, ni de système pensé pour la production des films nationaux, ni de mode de distribution et d'exploitation sain qui puisse protéger ces films. L'État libanais, et donc le secteur public, est incapable de soutenir le cinéma national, tandis que dans le secteur privé, peu d'investisseurs désirent réellement financer le cinéma libanais. Quant aux chaînes de télévision, celles-ci ne participent pas à la chaîne économique cinématographique, que ce soit au stade de développement (financement), de production ou de diffusion. Le secteur reste ainsi fortement dépendant des fonds étrangers, principalement européens, plus spécifiquement français. Ainsi, l'économie du cinéma libanais reste faible, qu'il s'agisse des modalités de financement ou encore de distribution.

De plus, ce secteur avance, sans base, sans structure solide qui puisse le diriger et le protéger de l'invasion des films américains, qui menacent son existence. L'industrie du cinéma au Liban souffre en silence, malgré un potentiel artistique énorme, de l'abandon du gouvernement qui laisse le secteur du cinéma à un stade embryonnaire. Après avoir étudié, dans *L'Économie du cinéma : production et distribution,* les différentes structures de financement et de distribution du cinéma libanais, en identifiant les difficultés de base de secteur et en les analysant selon les points de vue des différents professionnels du milieu, cet ouvrage, qui en est le complément, nous permet de pousser plus loin notre problématique de recherche, et de nous engager dans la proposition de solutions concrètes. Notre problématique devient la suivante : Quelles stratégies faut-il adopter pour fortifier l'économie du cinéma libanais ? Ayant déjà observé les difficultés rencontrées lorsqu'il s'agit d'instaurer des bases solides et de développer des stratégies, nous faisons le choix, dans le cadre de cet ouvrage, de focaliser notre attention sur les différentes voies et stratégies permettant l'industrialisation du secteur, et plus précisément celles étatiques et technologiques. Car nous postulons qu'une refonte des structures de financement et de distribution du cinéma libanais permet de créer un cercle vertueux.

Penser une nouvelle stratégie économique dans le but d'industrialiser le cinéma libanais passe par une étude approfondie non seulement des théories économiques et des industries cinématographiques déjà existantes dans le monde, mais aussi de la réception des films diffusés par la population libanaise.

Ce travail, divisé en deux ouvrages, est composé de trois grandes parties. Dans la première, nous focalisons notre intérêt sur un état des lieux en termes de financement et de distribution du cinéma. Nous serons alors en mesure d'analyser plus aisément le terrain grâce à notre recherche mixte, qui nous a permis de comprendre les problèmes de ce secteur grâce à l'intervention des professionnels du métier et des consommateurs actifs et passifs. Ainsi, l'objectif de la deuxième partie est de tirer des analyses contraintes sur les faiblesses de l'économie du cinéma libanais relatives aux points de vue qualitatif et quantitatif. Après avoir étudié les contraintes liées au financement, à la distribution et à la réception des films, il nous est possible de passer à la troisième partie de notre travail, celle de trouver des solutions qui peuvent être appliquées. Cette dernière, dédiée au rêve d'industrialisation du cinéma libanais. Dans le premier, il s'agit de discuter d'une réforme du modèle économique par l'État, et dans le troisième, d'une restructuration par la technologie.

Notre premier chapitre est dédié au ministère de la Culture, afin qu'il prenne en charge le développement de son cinéma pour l'industrialiser. Il propose la reprise du pouvoir par l'État et la construction d'un département cinéma solide. Des stratégies dédiées aux professionnels, chercheurs et comités liés aux projets futurs du ministère de la Culture y sont citées. Nous mentionnons des axes de développement inspirés des systèmes internationaux, qui ont eu du succès en termes de production et de distribution, et qui peuvent être implémentés au Liban. Ce chapitre se concentre aussi sur l'importance de la création d'un centre de recherche, de la refonte et de la réorganisation du système éducatif cinématographique. L'accent est notamment mis sur la nécessité d'imposer des taxes sur la production, la distribution et l'exploitation, mais aussi et surtout, d'avoir des offres fiscales pour les tournages locaux et des quotas pour la protection des films nationaux. De plus, nous mentionnons des propositions de lois à imposer aux chaînes de télévision en contrepartie de réductions d'impôts et des lois légiférant les plateformes technologiques VOD. Nous insistons en dernier sur la création d'une association arabe dont le but est de développer les relations politico-culturelles « arabophones » et internationales, ainsi que les différentes activités qu'elle peut mener. Nous profitons des différents aspects économiques cinématographiques pour proposer un modèle économique pour le cinéma libanais, un modèle qui essaie de pallier les différents obstacles relevés de nos entretiens avec les professionnels du milieu.

Nous passons à notre deuxième chapitre dont le but est d'analyser les difficultés qui empêchent le développement du cinéma libanais du côté des consommateurs, autrement dit, du côté de l'offre que de la demande. Il s'agit de la deuxième étude menée dans le cadre de notre travail, celle quantitative. Si l'étude qualitative, détaillée dans le troisième chapitre de notre premier ouvrage, adopte une démarche d'analyse structurale, l'étude quantitative, quant à elle, repose sur l'analyse textuelle des réponses ouvertes et sur un décodage des réponses fermées. Nous avons tenté de nous rapprocher le plus possible des spectateurs afin de comprendre les raisons qui les empêchent de se connecter au cinéma libanais. Environ 2 500 questionnaires interrogeant « les outils de marketing et la réception de films » ont été distribués dans cinq régions libanaises et cinq différentes salles de cinéma, à Tripoli, Dbayeh, Beyrouth, Saïda et Taanayel, à différentes périodes de l'année, en semaine et le weekend, afin d'obtenir des résultats adéquats concernant le comportement des consommateurs de films sur grand écran. En addition, 2 000 autres questionnaires ont été distribués, dans les mêmes régions, dans des espaces publics ciblant les personnes qualifiées de « passives », définies comme « consommant moins de cinq films par an au cinéma ».

L'échantillon analysé a été soigneusement choisi afin d'être représentatif de la population libanaise. Les méthodes statistiques telles que l'analyse descriptive et l'analyse bivariée ont été adoptées, pour arriver à relever des informations précises sur le comportement du spectateur libanais actif et passif. Cette analyse nous offre un regard neuf sur notre état des lieux. Les points principaux relevés sont liés aux problèmes d'implantation géographique des salles et à la difficulté de déplacement des spectateurs. S'ajoute la non-correspondance entre l'offre et la demande, un problème majeur pour les actifs et les passifs, mais aussi, et surtout, la dominance du « Home Entertainment », car, comme nos chiffres l'indiquent, les spectateurs consomment de plus en plus de contenu en ligne. Afin de mieux comprendre leur comportement, nous l'analysons par sexe, âge et région. De même, nous portons une attention particulière aux stratégies marketing et leur influence sur les spectateurs, afin de pouvoir attirer davantage de consommateurs. Nous estimons que ces outils peuvent être utilisés par les professionnels du métier. Nous étudions également le profil des spectateurs passifs, occasionnels et inactifs. Nous nous concentrons sur leur taux de fréquentation par an et sur les causes de cette faible consommation. Parmi celles-ci, nous mentionnons les problèmes liés au concept de cinéma clos et sombre, au prix du ticket considéré comme élevé, mais aussi et surtout du catalogue de films qu'ils considèrent comme faible. Nous étudions leurs préférences en termes de genre et type de films, rendant possible la proposition d'un modèle de cinéma à la demande. Les résultats nous ont permis de valider le fait que les Libanais sont intéressés par les films nationaux, contrairement à ce que certains professionnels peuvent estimer.

De plus, les spectateurs passifs sont intéressés par les nouveaux concepts liés au cinéma (en plein air, salle secrète, choix de films avant la séance), mais aussi par une application qui leur permet de choisir les films qui vont sortir en salle. Ces différentes conclusions nous permettent de passer à la troisième partie, dont l'objectif principal est d'aborder les différentes solutions qui se présentent au monde du cinéma au Liban. Grâce aux deux premières parties nous avons pu nous faire une idée de l'état des lieux du cinéma au Liban et décortiquer les problèmes du côté de l'offre et de la demande, afin de trouver des solutions envisageables qui peuvent être appliquées. La troisième partie, qui est dédiée au rêve d'industrialisation du cinéma libanais, se divise en deux grands chapitres. D'un côté, il s'agit de discuter d'une réforme du modèle économique par l'État, et de l'autre, d'une restructuration par la technologie.

Nous essayons en dernier au chapitre 3 de trouver des solutions technologiques dont le but est de contribuer au développement et à l'internationalisation du cinéma libanais. De nombreuses voies ont été étudiées avant de nous concentrer sur des grandes lignes. Il s'agit d'un apport technologique pour les salles, particulièrement pour les salles d'art et d'essai. De plus, pour remédier aux manques repérés dans l'étude qui précède, nous proposons le développement d'une application leur permettant de choisir les films. Cette application permet de créer un pont entre les spectateurs et les exploitants de salle. Elle permet de proposer une programmation participative en créant des cinémas à la demande qui englobent films et séries. Dans cette même perspective, nous essayons de répondre à la demande afin de résoudre les problèmes qui lui sont liés. Nous proposons un algorithme permettant de calculer le prix du ticket et des offres en ligne par région de façon à respecter le pouvoir d'achat de chacun. Cet algorithme est en mesure de récolter des données en termes d'utilisation des plateformes VOD ou des chaînes de télévision, pour créer un contenu solide qui puisse correspondre à 70 % de la demande des spectateurs, tout en respectant les 30 % dédiés à l'offre. L'objectif est de fortifier le cinéma commercial afin qu'il puisse engendrer des gains pour financer à son tour le cinéma d'art et d'essai, comme nous avons pu le dire au début de cet ouvrage.

Étant chercheurs et professionnels de ce domaine, nous avons choisi de nous impliquer en menant des enquêtes nous-même et en créant deux sociétés. En effet, dans le cadre de ce travail, deux startups ont vu le jour pour contribuer au développement du cinéma libanais. La première, Jay Dreams SARL, a été enregistrée au Liban. Elle offre des études de scénario, de financement et de marketing pour les films avec plus de 300 consultants étrangers, afin de donner la chance aux films locaux de se fortifier. De plus, elle offre un service d'agent où elle lie les talents aux professionnels dans des marchés internationaux, comme le marché américain à Los Angeles AFM, le marché européen de Berlin EFM, et le marché français à Cannes.

La deuxième startup s'intitule Scriptofilm SAL. Elle a été créée dans le but d'accélérer le travail de la première et d'accorder aux projets une visibilité internationale. Son rôle est de lier les talents aux professionnels étrangers de façon automatique en ligne en permettant un échange entre scénaristes et réalisateurs d'un côté, et producteurs, investisseurs, et acheteurs d'un autre. Ceci rend possible un libre échange de projets, indépendamment du statut social ou du pays, et engendre une égalité de chances pour les talents venant de petits pays. Ainsi, l'industrialisation d'un cinéma national devient possible en investissant dans la technologie pour briser les frontières. En implémentant la plateforme de mise en relation avec l'agence de consultation de films, les films nationaux libanais ont plus de chance d'atteindre un rayonnement international.

Pour conclure, notre plan a été adopté pour exposer le lien entre la réalité et le rêve du cinéma libanais. La première partie dresse un état de lieux concentré sur le financement et la distribution. Les faits mentionnés sont interprétés dans la deuxième partie par des professionnels du métier, chacun en fonction de son rôle dans le secteur. Dans la deuxième partie figurent aussi les avis des audiences, qui apportent beaucoup de richesse à ce travail, et qui nous permettent de comprendre le marché du côté de la demande. Ces analyses nous ont poussé à nous investir dans l'industrialisation du cinéma libanais. Notre investissement résulte en l'élaboration de solutions concrètes qui peuvent être appliquées par l'État, mais aussi et surtout en ayant recours à la technologie, afin de promouvoir le cinéma libanais et concrétiser notre rêve. Nos propositions ne sont pas uniquement théoriques, elles résultent d'un travail engagé dans le monde cinématographique national et international. Nous optons ainsi pour une double approche, théorique et pratique, qui résulte en des actions personnelles, comme le permet la société que nous avons créée dans le but de répondre aux problèmes liés aux talents et aux professionnels que nous avons interviewés. Ainsi, le rêve d'industrialisation devient possible.

Avant d'entamer notre ouvrage, il est nécessaire d'indiquer que les sommes évoquées sont en livres libanaises (LL). Étant donné qu'il n'existe pas un taux de change fixe des livres libanaises en euros, elles ont été, en premier lieu, converties en dollars, selon le taux de change officiel de la banque du Liban : 1$ = 1 500 LL, puis en euros en se basant sur le taux de change de 2019, soit : 1 $ = 0.9 €. Cette précision doit être faite puisqu'aujourd'hui, en 2020, le Liban souffre d'une crise économique majeure : le taux de croissance du PIB est de – 5 % à – 10 %, et ceci est directement lié à la détérioration de la livre libanaise face au dollar américain : elle a perdu plus que 40 % de sa valeur dans le marché noir[1].

[1] Institut des Finances, Étude en cours sur les industries culturelles, 2020.

Chapitre 1 : Restructuration du modèle économique par l'État

Introduction

Le rayonnement de l'industrie cinématographique d'un pays dépend largement de la qualité et de la quantité des films qu'elle produit et distribue, mais aussi, de l'ampleur internationale que ces derniers proposent. Tous ces critères permettent le succès d'un cinéma national. Il s'agit donc de films ancrés dans la culture, mais avec une portée universelle qui peut toucher un public plus large que celui de la nation. Pour aboutir à de tels résultats, plus précisément dans le cas du Liban, l'intervention étatique est primordiale afin de construire des fondements solides, dans le but de soutenir, développer et promouvoir le cinéma libanais, et de faire face à la mondialisation des marchés. Tel est le cas de la Corée du Sud, un cinéma dynamique qui a su faire face au cinéma américain, en misant sur l'identité et la culture propres au pays. La forte présence du ministère de l'Éducation, le régime d'exonérations fiscales et le système de quotas y ont encouragé la création cinématographique. En dehors de l'importance des règlementations, les alliances forment aussi une stratégie incontournable pour le cinéma libanais. Elles engendrent des coupes budgétaires, tout en offrant une visibilité aux films. En effet, la théorie keynésienne affirme que l'intervention active des gouvernements dans l'économie et la politique monétaire est une méthode efficace pour assurer une croissance économique. Il est toutefois nécessaire de mentionner qu'il existe des théories s'opposant à l'intervention de l'État dans la structure du modèle économique d'un pays, comme en atteste l'approche néolibérale.

En pesant le pour et le contre des différentes approches et théories, en nous appuyant sur les entretiens effectués avec des professionnels du métier, sur les résultats de notre recherche sur le cinéma des autres petits pays, et, point essentiel, en nous fiant à notre propre expérience professionnelle acquise lors de notre participation aux différents marchés reliés au secteur cinématographique national et international, nous avons constaté que le soutien de l'État est envisageable dans le cas du Liban, voire bénéfique, à condition que ce dernier suive des lignes claires et efficaces sur le court et le long-terme. Ce chapitre est donc dédié aux solutions potentielles intrinsèquement liées à l'implication du gouvernement libanais. Ce n'est que par l'intervention de l'État que le cinéma libanais peut prendre forme dans un contexte économique sain, dans la mesure où nous postulons que le septième art contribue au développement de la nation, en offrant des opportunités de travail, une circulation monétaire dans le pays, des ressources qui proviennent des taxes sur les revenus des salles de cinéma, de la télévision, des plateformes VOD et une visibilité à l'international, qui peut encourager les productions étrangères à filmer dans le pays.

Nous exposons donc en premier lieu les stratégies que le ministère de la Culture peut envisager pour fortifier l'économie du cinéma libanais, notamment en termes de réorganisation du département du cinéma, de ses équipes internes, de ses branches et de ses objectifs, mais aussi et surtout de plans concrets permettant d'enrichir le secteur de la recherche, la cinémathèque, les bibliothèques et les musées. Nous mentionnons un certain nombre d'outils liés à la promotion du cinéma libanais sur son territoire et à l'international. Nous évoquons en second lieu des méthodes de distribution et d'exploitation permettant de fortifier la visibilité du cinéma libanais dans les pays étrangers.

Après avoir déterminé différentes stratégies possibles pour le gouvernement libanais, nous nous focalisons sur les grandes lignes. Il s'agit tout d'abord d'adresser les questions concernant la réforme du système éducatif et la création d'un centre de recherche analytique. Jusqu'à ce jour, il n'existe pas de centres de recherches dédiés au cinéma au Liban alors que l'étude du terrain est primordiale pour trouver des solutions concrètes aux problèmes de production, distribution et exploitation. Nous mentionnerons des démarches précises, inspirées des systèmes étrangers, qui peuvent fonctionner dans un petit pays comme le Liban. De même, en ce qui concerne le système éducatif, nous mettons en avant l'importance des études cinématographiques dès l'école primaire, en tant que vecteur d'apprentissage de la culture et de l'identité du pays pour les jeunes générations. Nous nous focalisons également sur la taxation des films locaux et étrangers et les incitations fiscales pour les tournages au Liban, des décisions qui ne peuvent être appliquées sans une décision du ministère de la Culture approuvée par l'État.

Nous mentionnons également l'importance des quotas sur l'importation et la possibilité d'une politique protectionniste du film libanais. Nous évoquons par la suite une stratégie d'optimisation des relations avec les télévisions et la plateforme VOD libanaise, tout en mettant l'accent sur la nécessité pour l'État de prendre en charge ces projets en créant des lois qui puissent enrichir la production et la diffusion des films libanais sur les chaînes de télévision et la plateforme VOD libanaise. Dans cette partie, nous évoquons également l'importance d'avoir une chronologie des médias au Liban, qui protège la sortie des films. Enfin, nous nous concentrons sur l'importance du développement des relations politico-culturelles arabophones et internationales pour fortifier le rôle du cinéma libanais dans la région et dans le monde.

1.1 La reprise du pouvoir par l'État et la réorganisation du département cinéma

Au regard des études réalisées et des témoignages recueillis, nous arrivons à la conclusion qu'il est primordial que l'État reprenne le pouvoir qui lui a été délégué, afin de travailler sur des stratégies précises pour le développement du cinéma libanais.

Nous commençons par mentionner les stratégies évoquées par Elias Doummar, sous la tutelle de la direction du ministère de la Culture, puis nous élaborons ses tactiques. Premièrement, il est nécessaire de créer un comité du cinéma dont les membres sont des experts. Il doit inclure des professeurs, producteurs, distributeurs, exploitants, directeurs de festival et directeurs d'une plateforme de « streaming », afin qu'ils puissent fortifier le système économique libanais. Deuxièmement, il est question de promouvoir leur constitution en syndicat. Il est essentiel que l'État se penche sur la création de lois pour chaque syndicat culturel, afin d'attirer des membres actifs et promouvoir les différentes professions du cinéma, dans le but de fortifier certains postes « faibles » et créer de nouveaux emplois. Le troisième point est consacré à la cinémathèque : le ministère de la Culture se doit de prendre en charge la préservation et la numérisation des archives, notamment en prenant soin du local d'archives, en restaurant les films, en créant un rapport d'archivage biannuel et en enregistrant les données en ligne sous le nom de l'Archive Nationale de l'Audiovisuel. Quatrièmement, il est important d'avoir un comité de sélection des films libanais à soutenir, pour que le ministère puisse promouvoir ces derniers. Pour ce faire, il est nécessaire d'étudier le contenu et la forme du film avant de le sélectionner, mais également de financer les films en ligne, partager les informations sur les réseaux sociaux et créer une cérémonie pour les films sélectionnés aux festivals de classe A.

De plus, le ministère doit créer un festival pour les documentaires, afin de promouvoir le Liban. Il est, à ce titre, important d'établir une liste des personnes clés du domaine culturel libanais, afin de produire des films documentaires biographiques de 45 à 60 min sur leurs parcours. Par ailleurs, les festivals eux-mêmes se doivent de suivre un certain nombre de règles précises en termes d'organisation, de sélection de films et de prix, dans le but d'encourager les talents. En outre, il est intéressant d'organiser une semaine dédiée au cinéma libanais durant laquelle les films sélectionnés par le comité mentionné plus haut sont projetés. Nous préconisons également que les projections ne se limitent pas à un public précis et que les recettes de la billetterie soient reversées directement aux producteurs. Pour engager le spectateur libanais à assister à ce festival, les vedettes libanaises doivent être conviées.

En parallèle de la section principale, des films classiques libanais peuvent également être projetés. Enfin, le cinquième et dernier axe d'amélioration du secteur cinématographique repose sur l'ouverture d'un musée dédié au cinéma, dans le but de collecter les archives, parmi lesquelles les costumes, et inviter les professionnels du métier. Il est également possible de créer une bibliothèque du cinéma et planifier des sorties cinématographiques organisées pour les étudiants.

Afin d'exécuter l'ensemble de ces stratégies, il est important de mettre en place une administration d'experts pour travailler à la mise en place de nouvelles solutions permettant, sur le long terme, la fortification de l'industrie du cinéma. Les experts et les consultants peuvent travailler sur des coopérations internationales de façon à trouver de nouvelles voies pour le financement des films nationaux et pour le lancement d'une série de séminaires locaux, régionaux et internationaux. Ils peuvent également être en charge d'observer le travail du comité de sélection des projets à financer, mais aussi d'étudier de nouvelles pistes stratégiques pour améliorer le secteur économique et politique du cinéma tout en protégeant les films par le biais du Cinematic Triangular Ecosystem, dont la mission est le financement les films, la distribution et la promotion, la création des plateformes de salles de cinéma multiplexes ou art et essai et les études d'audience, de façon à élargir le public aux universités, musées, réseaux sociaux etc.

L'État doit être également responsable des accords de coproduction et de l'application des circulaires de la banque centrale. Par ailleurs, il est important qu'un expert en finance soit chargé du budget du département du cinéma, sous le contrôle du directeur et du ministère, pour étudier les différents projets, conduire des études financières prévisionnelles avant le lancement de toute production et établir un bilan annuel des dépenses de l'État. De même, il est nécessaire qu'il y ait un délégué qui représente le département du cinéma et dont le rôle est de travailler sur des projets de coopérations et de collaborations avec les entreprises privées. Celui-ci doit être tenu au courant du travail, des dépenses et des activités des différentes fondations, tout en restant à leur disposition si elles ont besoin des services du ministère, en ce qui concerne par exemple les lois ou la taxation. En parallèle, le secteur privé doit s'engager à rédiger un rapport détaillé mensuel et l'envoyer au département cinéma du ministère, afin que les chercheurs publient des articles sur l'avancement de leur travail. De plus, il est primordial d'avoir un lobbyiste qui travaille aux négociations régionales arabes et internationales, tout en étant en contact direct avec les réseaux de consultants de l'État. Son rôle étant d'assister à des conférences et à des séminaires locaux, régionaux et internationaux, tout en suivant les stratégies des chercheurs et en y ajoutant sa propre vision politique.

En outre, une étude et un bilan annuels doivent être envoyés au directeur administratif par les chercheurs, afin qu'ils puissent publier des articles dans les grandes presses nationales. Il est également judicieux d'employer une équipe de stagiaires chercheurs en Histoire et/ou cinéma, en charge de la collecte et de l'enregistrement des données, mais aussi de l'organisation des livres, revues, films dans la cinémathèque nationale sous la direction de Hares Bassil. Enfin, il est nécessaire qu'un expert en recherche cinématographique, ainsi que des consultants étrangers et des doctorants, s'allient au département cinéma du ministère pour étudier le marché et proposer des solutions neuves.

Tout le personnel clé mentionné doit être rémunéré selon la loi. Nous avons apporté des modifications quant à leurs missions mentionnées dans notre premier ouvrage, afin qu'ils puissent œuvrer à mettre en place des stratégies économiques pour le développement du cinéma. Tout autre poste reste ouvert à ceux qui souhaitent faire un stage dans les institutions étatiques ou aux experts qui souhaitent être consultants bénévoles pour le ministère. Ceci leur permet d'obtenir un titre de travail et une sécurité sociale. Le recrutement peut être mené par les chefs de département et par quatre consultants étrangers.

Par conséquent, le renforcement du pouvoir du gouvernement est la seule voie pour qu'un pays ait la possibilité de développer son économie de manière équilibrée. Utiliser les ressources monétaires de façon stratégique permet donc au secteur cinématographique de croître. De même, l'implantation d'une structure ferme est primordiale pour atteindre un résultat relativement stable. Ainsi seulement, il devient possible de régulariser les emplois en repensant la grille des salaires, qui n'existe pas au Liban, et les conditions de travail, notamment le nombre d'heures travaillées par jour et par semaine. En effet, le contrôle de la production, la distribution et la consommation de biens est un élément clef pour permettre l'évolution d'un pays en voie de développement.

La nation doit donc se concentrer sur l'industrialisation et l'investissement dans le cinéma pour promouvoir ce secteur. Toutefois, un plan étatique ne peut aboutir à un résultat positif qu'après 5 à 7 ans d'activités.

1.1.1 Les fonctions du nouveau département du cinéma

Il est primordial que l'État consacre un budget pour la rénovation de la cinémathèque nationale, et que celle-ci puisse unifier les différentes cinémathèques privées ou qu'elles portent un nom complètement différent de « cinémathèque nationale de Beyrouth ».

Nous préconisons également que le billet d'entrée soit au tarif symbolique de 7 500 LL, environ 4 euros, pour consulter les ouvrages et les livres, et ce, uniquement sur rendez-vous, étant donné que le local est restreint pour le moment. Toutefois, il peut être déplacé dans un centre espacé, si l'État arrive à lui allouer des fonds. Le département cinéma se doit également de consacrer une partie de son budget au financement des films libanais et ce, aux différents stades de l'écriture de scénario, à la production et à la distribution. De plus, il se doit de collaborer avec les chaînes de télévision publiques et privées et avec la plateforme de télévision libanaise Cinemoz pour les inciter à diffuser les films nationaux, en contrepartie de quoi ils peuvent bénéficier de réductions d'impôts. Les investissements de l'État dans le cinéma sont donc essentiels car, en contribuant à la culture du pays, le gouvernement permet le développement de son économie.

Il est important d'ajouter que l'État doit réduire les critères de censure. Cependant, il n'existe aucun comité qui suit cette affaire. Nous rappelons que le département cinéma du ministère se charge de cette mission. Nous suggérons la création d'un poste de ministre du Cinéma et le regroupement des diverses affaires concernant le cinéma sous l'égide d'un seul ministère.

Ceci afin que le gouvernement soit plus à l'écoute des problèmes de l'industrie cinématographique, d'autant plus que ce secteur est très prometteur et peut créer de nombreux postes. Il est également important que le ministre travaille à la réalisation d'une réforme fiscale, afin d'encourager de nouveaux investissements dans la production cinématographique. Cette réforme doit reposer sur l'introduction d'une taxe perçue sur les entrées en salles, d'un quota imposé aux exploitants et de mesures incitant les distributeurs à promouvoir le cinéma libanais. Nous y revenons ultérieurement avec davantage de détails à ce sujet. L'introduction d'incitations fiscales et de nouvelles subventions provenant principalement des revenus de la loterie nationale peut être l'un de ces moyens. Une collaboration avec la loterie doit donc être étudiée, même si celle-ci est privée au Liban.

Il faut que le ministre se concentre sur trois recommandations principales pour accroître les investissements dans le cinéma, à savoir : un allègement des impôts pour les artistes étrangers au lieu d'une annulation complète, des déductions fiscales accélérées et la mise en place d'une nouvelle structure (entreprise cinématographique), sur le modèle des SOFICA françaises, accordant aux actionnaires une exemption ou un ajournement d'impôts, comme le propose Walid Mansour. Le département cinéma doit également aider l'industrie à collaborer avec ses voisins arabes pour faciliter les coproductions, en présentant des fonds de soutien à la production et à la distribution.

Il doit mettre en place et subventionner une Commission du cinéma libanais, dont l'objectif est de promouvoir le cinéma libanais : ses lieux de tournage, techniciens, acteurs, et ce, auprès des industries cinématographiques du monde entier, afin d'attirer les productions étrangères génératrices d'emplois et leurs capitaux. De plus, le département cinéma doit encourager les producteurs, les financiers, les distributeurs et les exploitants à se regrouper pour produire des films libanais. 70 % des films produits doivent être des films de la demande et 30 % de l'offre pure, afin que les films commerciaux puissent financer les films indépendants en leur offrant un budget moyen. Ajoutons qu'un groupe de spécialistes doit pouvoir travailler sur d'autres sujets liés au cinéma, comme l'accroissement de la part de marché des films au box-office et l'éducation cinématographique de la population, que nous élaborons dans ce chapitre. Dans les points suivants, nous développerons davantage les idées précitées en analysant en détail leurs effets sur le marché libanais.

Enfin, il existe de nombreuses structures qui peuvent être mises en place pour le nouveau département cinématographique. Créer une organisation pour cette industrie peut contribuer à son développement, si et seulement si sa mission et sa vision sont concrètes. En ce sens, il est nécessaire que le gouvernement mette en place une structure globale de recherche, d'éducation, de financement, de tournage, et de distribution. Car, quand l'État contrôle sa direction, la collaboration avec des sources extérieures devient plus facile et peut se systématiser.

1.1.2 De grandes lignes inspirées des systèmes internationaux

Après avoir mentionné le rôle du ministère de la Culture, il est important de se focaliser sur les stratégies inspirées des systèmes internationaux que le Liban peut adopter. Les stratégies proposées dans cette sous-partie sont donc tirées de systèmes économiques cinématographiques d'autres pays, systèmes que nous avons étudiés afin de pouvoir choisir ceux dont les lignes directrices sont applicables au Liban. Dans certains cas, nous proposons des stratégies d'ouverture de marché, comme le tournage local, alors que dans d'autres, nous présentons des stratégies de fermeture de ce dernier, notamment lorsqu'il s'agit de la distribution des films étrangers qui rivalisent avec les films locaux. Cette double stratégie nous permet de contrôler le marché en augmentant la richesse cinématographique du Liban, aussi bien nationale, avec la promotion du cinéma local, qu'internationale, avec les tournages étrangers, sans pour autant nuire à l'économie du pays.

En ce qui concerne la production, le but est de renforcer la structure et l'infrastructure des industries audiovisuelles au Liban et dans le monde arabe, notamment via les coproductions.

Il est demandé de mettre en place un mécanisme de soutien financier aux productions et coproductions, notamment à travers des incitations fiscales et de commissions du film, et enfin l'adaptation du cadre juridique facilitant les coproductions. De même, un soutien à la diffusion, quel que soit le médium (exploitation en salles et diffusion télévisée), est avantageux dans la mesure où il s'agit d'un secteur où les nouvelles technologies permettent une segmentation plus complète du marché et une redéfinition du public selon les produits. Un soutien financier à l'installation de nouveaux équipements (projecteurs numériques par exemple) peut être envisagé pour favoriser la création de salles d'art et d'essai et la projection de contenus nationaux et / ou régionaux. Quant à la télévision, elle doit devenir un partenaire de la production indépendante et diffuser des films libanais, récents ou classiques, complétant ainsi le travail de la cinémathèque nationale en termes de valorisation du patrimoine audiovisuel. Pour lutter contre la piraterie, des modèles de diffusion légale doivent être incités.

De plus, il est primordial d'encourager la collecte de données statistiques, aussi bien au niveau national qu'au niveau régional, pour améliorer les échanges et la transparence. Ainsi, la création d'un centre de recherche est primordiale. Enfin, les actions recommandées concernant la formation initiale (écoles de cinéma) et l'éducation à l'image et la formation professionnelle doivent permettre la création de cadres d'échanges entre les professionnels.

Nous analysons ultérieurement en détail tous ces points importants pour le cinéma libanais. En dehors de ces propositions, il est important de considérer les stratégies qui peuvent contribuer à l'avancement du cinéma, comme l'intégration verticale. Cette dernière a été adoptée par les Américains et les grands studios. Son but est de créer une structure qui maîtrise à la fois la production, la distribution et l'exploitation de films, afin qu'elle devienne autosuffisante et qu'elle fonctionne comme une industrie commerciale. Ainsi, les coûts diminuent tandis que la chaîne économique du cinéma se solidifie. Il n'est donc plus question de chercher un financement extérieur, ni une distribution internationale, dans la mesure où, le studio, et sur le long terme, le pays, peuvent devenir autosuffisants. Un exemple de l'intégration verticale est celui des plateformes en ligne, comme Netflix, qui produisent et distribuent leur propre contenu. Toutefois, il est primordial de trouver un équilibre entre les trois pôles, car cette stratégie entraîne un travail supplémentaire pour la compagnie et nécessite un large financement. Cependant, si cette stratégie est intégrée par les exploitants de salles au Liban elle peut contribuer à l'enrichissement du secteur économique du cinéma car elle permet de produire plus de films en moins de temps (cf.1).

Parallèlement à ceci, une stratégie horizontale doit rester applicable, pour mettre en place des structures, plus petites, mais malgré tout, solides. À titre d'exemple, il est judicieux pour les chaînes de télévision d'acquérir des sociétés de production locales, puisque les séries télévisées ont un grand succès et que le cinéma libanais repose majoritairement sur les films mettant en scène des actrices de télévision, et ce, afin de maîtriser la chaîne de production de bout-en-bout (cf.2). En d'autres termes, si le but de l'intégration verticale est qu'une seule compagnie contrôle le processus de la chaîne économique dans le but d'améliorer son efficacité, l'intégration horizontale, elle, a pour but de développer la compagnie mère.

Ce développement a pour objectif de soutenir les compagnies plus faibles, afin d'augmenter la diversification des produits et d'accéder, par la suite, à de nouveaux marchés. Ces deux modèles ne sont pas incompatibles, bien au contraire. Dans le cas du Liban, puisqu'il s'agit d'un petit pays limité, ces deux stratégies peuvent justement être bénéfiques aux entreprises et à l'économie du cinéma libanais.

1. Exemple d'intégration verticale au Liban

2. Exemple d'intégration horizontale au Liban

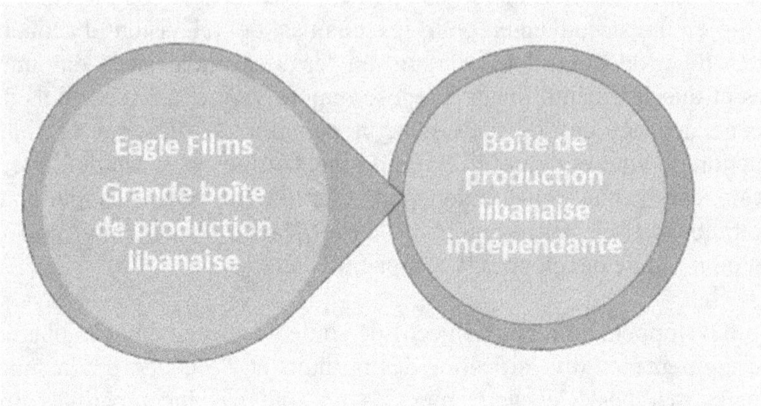

1.2 La création d'un centre de recherche et la réforme éducative

Les archives ont un rôle important dans l'analyse des données du passé et constituent un élément important dans l'héritage national. Elles regroupent les témoins des civilisations passées. Les films, les mémoires, les articles et tout autre élément lié directement ou indirectement au cinéma national doivent être conservés, afin de contribuer à l'enrichissement du secteur audiovisuel libanais. Ainsi, l'archivage de documents devient un moyen de pérenniser le patrimoine documentaire et de faciliter son exploitation. Il doit être physique et numérique, ce qui n'est pas le cas à la cinémathèque du Liban qui n'a toujours pas numérisé les données. Si les archives sont nécessaires pour la préservation de l'industrie cinématographique, l'analyse des études effectuées est primordiale pour son développement. Les Américains se sont focalisés sur les questionnaires quantitatifs pour étudier le marché, pour mieux comprendre leurs spectateurs et pouvoir leur offrir des produits qui correspondent à leurs demandes. Ces rapports leur ont permis de conserver des données dans le temps, dans le but d'élargir la marge d'audience active. De plus, dans ce contexte, des stratégies numériques peuvent émerger, être testées, et peut-être implémentées plus tard par les professionnels du secteur. Toutefois il est essentiel pour qu'une telle entreprise aboutisse que les métadonnées ou les données massives des salles de cinéma libanaises et des chaînes de télévision soient partagées afin de compléter ce potentiel travail d'analyse de l'audience. Si ces dernières sont volumineuses au point qu'elles dépassent l'intuition et les capacités humaines d'analyse, il est important que les chercheurs utilisent des outils comme l'apprentissage automatique ou « machine learning », afin de traiter cette masse de données dans le but de mieux comprendre l'offre (les genres de films) et la demande (la réception des films).

Ceci dans le but de créer une liste des goûts des spectateurs, ou « taste clusters », la sauvegarder et la mettre à jour constamment. Étant donné qu'il s'agit d'un guide qui permet une analyse approfondie de la façon dont un spectateur libanais réfléchit pour choisir son film, et que la masse de données est considérable, les nouvelles technologies s'avèrent d'une grande utilité. En ce sens, elles sont le futur du cinéma. Les chercheurs doivent donc se focaliser sur l'économie de la connaissance pour proposer de nouvelles solutions, qui peuvent contribuer au développement du secteur cinématographique. Parmi celles-ci, notons par exemple, les plateformes VOD comme, Netflix, la réalité virtuelle (VR), qui peut être implémentée dans les salles de cinéma, et le montage algorithmique. De cette manière, les chercheurs en cinéma et en ingénierie peuvent étudier puis créer de nouveaux moyens pour produire, exécuter et distribuer un film même s'il s'inscrit dans un marché limité, d'où l'importance de la création d'un centre de recherche et la reforme éducative.

1.2.1 Le rôle du centre de recherche analytique

Le centre de recherche doit avoir comme objectif de faire progresser l'étude scientifique du film et de sa culture, et ce, dans toute sa diversité sur la scène locale, nationale et mondiale, et lui permettre de devenir une discipline académique clé, en sciences sociales et humaines.

Pour ce faire, le centre doit promouvoir et faciliter des recherches originales sur le cinéma et la culture cinématographique, afin de contribuer à une meilleure compréhension de son rôle dans la société. Il peut également fournir une plateforme aux discussions et débats académiques interdisciplinaires relatives au cinéma sous toutes ses facettes. Ceci en encourageant les échanges nationaux et internationaux entre docteurs réputés et chercheurs doctorants en cinéma et dans les autres disciplines.

Le centre de recherche analytique doit aussi jouer un rôle de gardien dans le développement d'un large éventail de ressources et d'outils accessibles pour l'étude de films et de matériels relatifs aux films, y compris l'accès à la cinémathèque. Un éventail essentiel pour toute recherche et stratégie à développer dédiée au secteur cinématographique. Ainsi, il devient possible de constituer un fonds d'archives pour la conservation et l'étude de films et de matériels en lien avec ces derniers et de promouvoir des partenariats actifs et des initiatives de recherche communes dans le domaine de l'étude de la culture cinématographique. L'objectif de cette initiative est de stimuler et participer activement à la diffusion des résultats des recherches sur le cinéma au public et, enfin, offrir des conseils et des consultations d'experts à des fins politiques concernant la culture cinématographique.

Il est important de noter qu'en 2019, il n'existe toujours pas de centre d'études analytiques dédié au cinéma bien que les archives forment une preuve de l'existence d'activités cinématographiques et constituent une source d'éducation de l'histoire cinématographique du pays. En ce sens, elles permettent de construire l'identité nationale et de mesurer les progrès de la génération future. En d'autres termes, les archives expliquent et justifient à la fois le passé et le présent, et permettent aux analystes de prendre des décisions pour le futur. C'est la mémoire du pays et de la vie de ses citoyens, de leurs us et coutumes. Elles sont donc essentielles pour la construction d'une nation, et par extension, dans ce qui nous intéresse ici, d'une industrie, car elles permettent de rassembler, unir, le peuple autour d'une identité commune, d'un sentiment patriotique qui n'est plus qu'un simple héritage sans Histoire. Bien au contraire, tout un chacun peut être en mesure de se le réapproprier à sa guise, à travers ces archives. Enfin, les écoles de cinéma doivent être à l'avant-garde de ces développements, afin de contribuer au façonnement d'un domaine de plus en plus concurrentiel. Pour ce faire, de nombreux parcours, déjà évoqués dans la sous-partie 1.2, peuvent être implémentés. Parmi ces derniers, quatre thèmes de recherche principaux sont à distinguer, tels que mentionnés ci-dessous (cf.3).

3. Thèmes de recherche du centre analytique

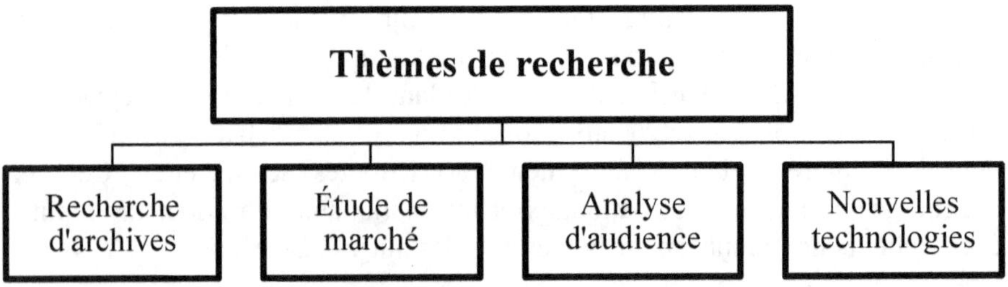

1.2.2 La structure du système éducatif

Il est important que l'État travaille à une réforme du système éducatif, non seulement pour les universités, en introduisant des cours de scénario, de distribution et d'économie, mais également pour les écoles. Ces dernières doivent donner une place au cinéma dans le cadre d'une nouvelle éducation à l'image et au son, en guise d'introduction au septième art par le biais de cours à la fois théoriques et pratiques, pour initier les élèves au langage cinématographique, et leur permettre d'acquérir une culture générale et nationale puis éventuellement de développer un penchant artistique.

4. Structure du système éducatif

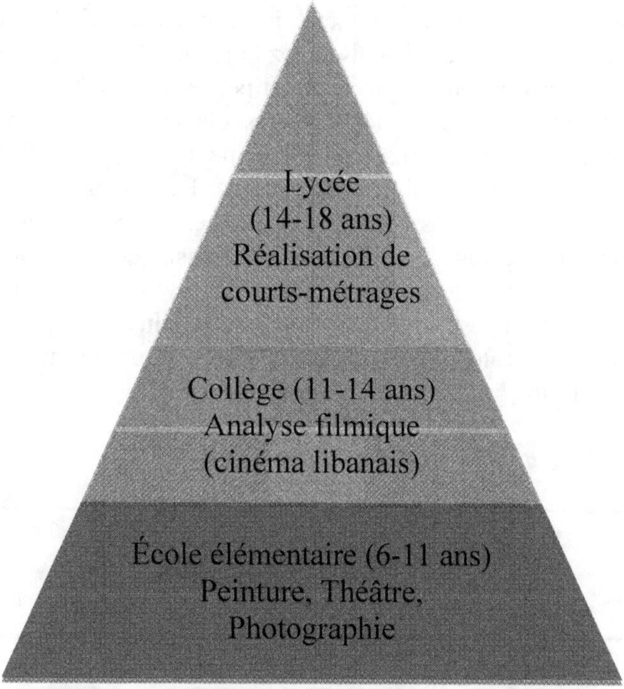

À l'école élémentaire, l'enseignement doit se concentrer davantage sur la pratique artistique en classe et en groupe (peinture, théâtre, photographie). À partir du collège, les étudiants doivent découvrir les différents métiers qui constituent une équipe cinématographique. La théorie du cinéma se fonde ainsi, sur l'analyse de films libanais projetés en classe et sur l'Histoire de ce cinéma national. Au lycée, l'éducation à l'image et au son est davantage élaborée, notamment en termes de pratique. Les élèves peuvent alors filmer des courts-métrages de cinq à dix minutes, qui sont amenés ensuite à être projetés en classe. De ce fait, les professeurs peuvent organiser des sorties dans les salles de cinéma, qui sont suivies d'une analyse poussée des films qu'ils ont vu. Dans le cas du Liban, le système français du baccalauréat option et spécialité cinéma peut être adapté afin que les étudiants soient exposés à ce secteur à la fois économique et culturel. À partir de la seconde, il devient primordial de mettre en place des séances d'orientation relatives aux différentes formations possibles permettant d'accéder aux métiers du cinéma et de l'audiovisuel, parmi lesquelles la production, la distribution et l'exploitation.

Dans le cadre de l'option cinéma au baccalauréat, des heures hebdomadaires supplémentaires avec un coefficient élevé, comme dans le système du bac français peuvent être imposées par l'État, afin d'ancrer la culture cinématographique libanaise chez la jeune génération. Des stages dans le cadre de la préparation du baccalauréat peuvent également être assurés aux étudiants. Quant aux courts-métrages des élèves, les cinq meilleurs films d'entre eux doivent être diffusés ultérieurement à la télévision libanaise afin d'encourager les potentiels futurs réalisateurs. Par ailleurs, des débats et des ateliers avec des artistes peuvent également être organisés dans les amphithéâtres des établissements scolaires, ainsi que des festivals pour les jeunes, à la fois dans le cadre de l'école et en dehors. Enfin, l'éducation artistique joue un rôle essentiel dans la promotion du cinéma, un rôle que nous résumons en trois catégories liées à l'identité culturelle, au développement personnel, et à l'intégration professionnelle.

5. Rôle de l'éducation artistique et culturelle

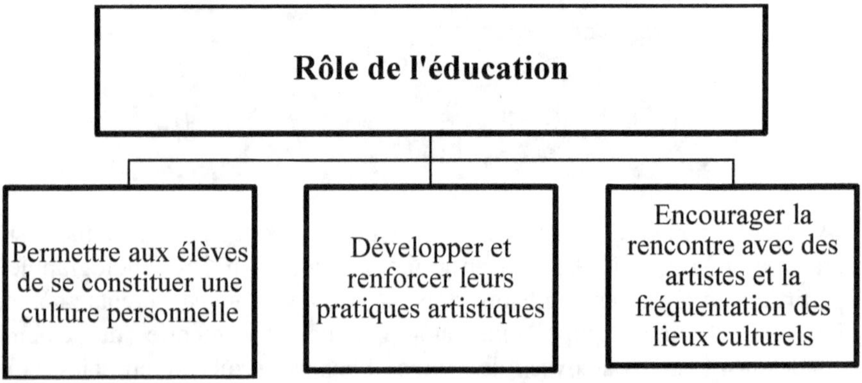

Le cinéma a un pouvoir éducationnel indéniable dans la mesure où il s'agit d'un langage universel qui a le potentiel d'éveiller la population. Il est capable de construire ou détruire une nation, et ce, dépendamment de son contenu. Pour cette raison, il doit être bien étudié. Le cinéma a la capacité de changer le monde, d'engendrer des guerres (propagande) ou des résolutions (changer la vision d'un peuple envers une guerre par exemple). Un autre rôle important du cinéma est l'éducation nationale dans le but de fortifier les sentiments patriotiques et la culture générale puisqu'il expose son spectateur aux normes et valeurs d'autres pays, ce qui lui permet d'acquérir de nouvelles connaissances et les partager avec leur nation. L'ouverture que proposent les études cinématographiques permettent aux élèves de forger leur esprit critique et donc de réfléchir à des solutions neuves qui dépassent le cadre de leur pays et d'interagir et collaborer avec différentes cultures. Étant donné que c'est la jeune génération qui développe un pays, il est nécessaire de l'éduquer.

1.3 La taxation sur la production, la distribution et l'exploitation de films

Afin de créer un fonds de soutien riche pour le cinéma libanais, il est primordial de savoir comment l'État peut bénéficier de la taxation. Il existe de nombreuses taxes permettant de rapporter des gains indirects, parmi lesquelles les TVA sur les industries culturelles : la production, la distribution et l'exploitation. Ainsi, le règlement des taxes dans le cinéma doit être adapté aux différentes catégories. Les pourcentages mentionnés ci-dessous ont été calculés sur la base de la TVA au Liban qui est de 11 %, et en comparaison avec les taxes sur le cinéma d'autres pays.

6. Taxation sur l'industrie cinématographique

Taxes de cinéma	15 % sur le prix acquitté par le public
Taxes de cinéma (Œuvres présentant une incitation à la violence)	15 % sur le prix acquitté par le public x 1.5
Recettes sur la cession de tout droit	15 %
TVA sur la fabrication et la vente des matériels	20 %
TVA sur les locaux et les décors	20 %

Il est primordial d'imposer un taux de 15 % sur le prix acquitté par le public pour les entrées aux séances organisées dans les établissements de spectacles cinématographiques. Ce taux doit être multiplié par 1,5 en cas de représentation d'œuvres audiovisuels présentant une incitation à la violence. Les recettes enregistrées grâce à la cession de tout droit (droit d'exploitation, droit de reproduction, etc.) portant sur des œuvres cinématographiques peuvent également être soumises au taux de 15 %. Quant à la TVA, celle-ci doit être calculée sur les recettes perçues par le distributeur après partage avec l'exploitant, dans la mesure où le premier détient les droits d'exploitation du film. Le distributeur doit donc préparer ses factures et les transférer à l'exploitant. Quand il s'agit des industries techniques, la TVA appliquée peut être imposée sur la vente de matériels pour le cinéma.

Ces dernières doivent être soumises à la TVA à un taux de 20 %, surtout que la plupart du matériel n'est pas fabriqué au Liban. De même, pour les travaux liés à la production, par exemple les locaux et décors, un taux supplémentaire de 20 % de la TVA doit également être appliqué.

Nous suggérons également que les chaînes de télévision participent au financement de la création des œuvres audiovisuelles. De manière générale, au Liban, la taxation des entreprises est de 17 %, et 7 % pour les projets personnels. Les chaînes de télévision doivent consacrer un pourcentage de leur chiffre d'affaires aux préachats de films en échange d'une réduction de taxe, qui peut être par exemple, de 3 %, et donc qui peut être bénéfique pour l'entreprise. La taxation sur le cinéma et la télévision est une méthode qui doit être adoptée par le gouvernement libanais pour profiter de la production, la distribution et l'exploitation de films, et ce dans le but d'enrichir le secteur cinématographique. Car, le cinéma est une industrie qui peut non seulement créer des emplois, mais aussi contribuer au développement indirect d'autres industries comme le tourisme (hôtels, restaurants, lieu culturels), etc.

1.3.1 Les incitations fiscales sur les tournages locaux et les quotas sur l'exploitation

Attirer les tournages étrangers contribue au développement de l'économie du pays. Premièrement, ceci permet d'offrir aux talents d'un petit pays qui produit peu de films, l'opportunité de travailler avec des professionnels étrangers et donc de bénéficier de leurs riches expériences. Deuxièmement, grâce au tournage local, des emplois sont ainsi offerts aux talents nationaux et de grandes sommes sont automatiquement dépensés sur le terrain. Troisièmement, le film, une fois sorti, participe à la promotion du pays. Il s'agit donc d'un cercle vertueux.

Des pays comme le Maroc, la Chypre, et la république de Malte ont profité des tournages étrangers pour augmenter la production des films sur leur terrain, afin de développer l'économie du cinéma en bénéficiant de l'expertise des pays plus développés. De ce fait, les exonérations fiscales constituent un argument majeur pour les productions internationales à grand budget. Les tournages étrangers ou « Runaway production » permettent donc, sans aucun doute, l'enrichissement de l'industrie et l'ouverture d'un pays au monde. Les incitations fiscales sont également un élément clef pour les films commerciaux internationaux. En effet, les marchés peuvent leur offrir de nouvelles sources de financement indirectes à leurs films et leur garantir une certaine sécurité, au cas où le film ne réussisse pas au box-office. Certaines taxes peuvent être remboursées directement, d'autres en termes de crédits qui sont transférés à d'autres entreprises.

Il est important de noter que le Liban est un pays méditerranéen qui offre un accès à la fois à la mer et à la montagne, mais aussi à des lieux culturels et historiques. Ainsi, il se caractérise par ses paysages, ce qui a conféré à son patrimoine une richesse importante. Sur la liste de l'UNESCO nous citons : Tyr, Byblos, Baalbeck et Anjar, ainsi que la montagne des Cèdres. Le Liban donc peut être un centre d'attraction pour les tournages étrangers.

Pour donner quelques exemples : aux États-Unis, la Californie a été délaissée au profit du Canada, notamment Toronto et Vancouver. En Serbie, la commission du film (SFC) a proposé une remise en espèces de 15 à 20 % de toutes les dépenses locales pour encourager les productions internationales. Aux Émirats, la commission de film d'Abu Dhabi offre 30 % sur les coûts de production à condition que le film passe par le conseil national des médias. Dans le cas du Liban, un crédit d'impôt de 32 % sur les dépenses locales doit être imposé pour attirer les productions étrangères, à condition que la société de production réside au Liban ou passe par l'intermédiaire d'une agence. Nous préconisons également une remise en espèces de 20 %. En contrepartie, la production doit financer jusqu'à 45 % des dépenses éligibles libanaises. Toutefois, elle ne peut pas dépasser 50 % du budget de production. Les frais doivent représenter 1 500 000 €, soit 45 % du budget de production totale dépensé au Liban. Ces chiffres ont été étudiés en comparaison avec d'autres pays comme la Jordanie, la Géorgie et la Belgique. Comme il a déjà pu être mentionné, il est important de créer une commission du film libanais étudiant les dossiers. Si la production étrangère est liée culturellement au Liban, les 20 % de remise en argent sur les dépenses éligibles passent à 25 %. Rappelons que pour en bénéficier, la société de production doit être enregistrée au Liban. Ce qui peut renforcer les coproductions. De plus, les producteurs doivent prouver leur capacité à diffuser et distribuer le film sur le marché international.

Il est également important d'offrir 30 % de réduction sur les travaux de post-production effectués au Liban, quel que soit le lieu de tournage de la production. Ainsi, pour pouvoir bénéficier de cette compensation, le producteur doit disposer d'un engagement financier en matière de production, d'un accord prévoyant une sortie en salles sur le territoire libanais, et un agent commercial international attaché. En résumé, la subvention pour la production de films offre une remise en espèces relative aux dépenses admissibles qui peut prétendre à une augmentation supplémentaire, si le projet répond à des critères prouvant qu'il stimule l'économie du pays. Selon les subdivisions territoriales libanaises, les producteurs peuvent avoir accès à des crédits d'impôt fédéraux et provinciaux. Par ailleurs, le Liban possède une infrastructure cinématographique bien développée, ce à quoi s'ajoute un climat similaire à celui de la Californie du Sud, faisant du pays un territoire propice.

De ce fait, les différentes régions libanaises doivent également mettre en place leurs propres offres spécifiques.

7. Exemple d'incitation fiscale

Crédit d'impôt	32 %
Remise en espèces	20 %
Dépenses minimales	1 500 000 €
Conditions	Résidence de la société au Liban ou Par l'intermédiaire d'une agence
Offres	Financement jusqu'à 45 % des dépenses au Liban

Un autre point important que nous devons mentionner est le système de quotas qui doit être adopté pour protéger l'industrie cinématographique libanaise et permettre l'éclosion d'un cinéma de qualité, reconnu internationalement. En effet, en dehors des réalisateurs confirmés comme Nadine Labaki, une nouvelle génération de cinéastes s'est rapidement imposée dont les œuvres existantes et futures doivent être protégées. L'État doit donc créer de nouvelles lois pour obliger les exploitants de salles à soutenir deux films locaux chaque mois. Ces films choisis doivent absolument rester à l'affiche au moins deux semaines, même si la fréquentation est minime et même si cette dernière chute la deuxième semaine. Ainsi, une politique de protectionnisme peut dans ce cas donner une chance aux films libanais d'exister sur le marché. De plus, une loi doit être imposée sur les cinémas libanais, afin que les exploitants projettent un film libanais commercial sur quatre films étrangers chaque semaine, tout au long de l'année. En vertu de cette loi, il devient obligatoire que les films libanais restent plus longtemps en salle. En contrepartie, ce modèle doit également permettre aux exploitants de films locaux de conserver le pourcentage le plus élevé (60 %) en termes de partage des recettes tout au long de l'exploitation de leurs films. Ces dispositions ainsi appliquées, contribuent à l'enrichissement de l'économie du cinéma libanais qui ne peut se passer sans un fonds de soutien.

1.3.2 Un fonds de soutien pour l'écriture, la production et la distribution

La constitution d'une commission de films pour enrichir le secteur audiovisuel est une méthode efficace sur le long terme. Il est intéressant de parcourir les cas de certains pays qui ont pu bénéficier de cette commission, comme le Nicaragua, le Danemark, la Singapour et les Émirats arabes. L'institut de films nicaraguayen (Nicaraguan Film Institute) a été créé en collaboration avec la cinémathèque du pays (Cinemateca National). Des consultants et des caméras y ont été amenés de Cuba. Bien qu'il soit très difficile de regrouper les films par genre ou par thème, chaque artiste a produit une œuvre particulière, présentant sa propre interprétation de la réalité qui l'entoure et de l'Histoire du pays. Chacun a pu s'exprimer librement en traitant de sujets communs, parfois délicats, comme la guerre, la révolution, la pauvreté, etc., et bénéficier de l'aide proposée par l'institut de films. La structure de ce pays et les thèmes adoptés sont similaires à ceux du Liban.

Un autre exemple de petit pays intéressant est le cas de l'institut de films danois (Danish Film Institute), qui a été fondé en 1972, avec pour objectif de fournir des subventions publiques à certains projets cinématographiques danois. En 1989, l'institut a élargi les critères des films qu'ils souhaitent soutenir, ce qui a mené à une évolution de l'industrie danoise et à un renouveau du cinéma. Grâce à ces contributions, et malgré la petite taille du marché local et ses ressources relativement limitées, le Danemark a pu rayonner. Ses films rivalisaient avec ceux d'Hollywood pour leur popularité sur les écrans de Paris, Londres, Berlin et New York. Le nombre moyen de téléspectateurs par film danois est de 128 000, contre 56 000 par film américain. Ils représentaient 15 % des recettes du box-office, contre 63 % pour les films américains. En deux décennies ils sont passés à 32 % de la part du marché national, contre 56 % pour les films américains.

Quant à Singapour, les films étrangers représentent la plus grande partie des recettes du box-office, puisque l'industrie cinématographique singapourienne est une industrie émergente qui dépend fortement des films importés et du contenu télévisé. Les États-Unis constituent le plus grand fournisseur de contenu du pays, malgré les problèmes de censure et les mandats de transport. Tel est le cas également de l'industrie cinématographique libanaise. Le 16 mars 1998, le ministre de l'Information et des Arts de l'époque à Singapour, George Yeo, a annoncé au Parlement la formation de la commission de films singapourienne, afin de « nourrir, soutenir et promouvoir les talents singapouriens dans le cinéma », et ceci par le biais de financements, de formations et d'éducation du public.

À ce jour, la SFC, désormais une division de l'autorité de développement de l'info-communication des médias (IMDA), a soutenu un total de 68 films et a permis au cinéma national de s'étendre, ce qui prouve l'efficacité de constituer une commission, qui puisse développer le pays de la nation.

Pour donner un autre exemple de la région, il suffit de mentionner le cas des Émirats Arabes Unis, qui ont créé plusieurs fonds, dont la commission de films d'Abu Dhabi Film et la commission de films et de télévisions de Dubai. Ces dernières ayant comme but d'encourager et aider les cinéastes à produire leurs projets aux Émirats. La production de films et la création de contenu ont été soutenues par des partenariats avec des sociétés internationales et des zones médiatiques, notamment Dubai Studio City et Twofour54. Ainsi, dans un pays où le cinéma est en cours de développement, les entreprises émiraties se sont associées avec des sociétés de médias internationales, dont National Geographic et Hyde Park Entertainment, pour développer une infrastructure cinématographique et médiatique de classe mondiale rivalisant avec les meilleurs studios du monde, ce qui a engendré l'augmentation des productions locales. À l'évidence, les fonds de soutien sont une contribution essentielle de la part du gouvernement au développement, à la production et à la distribution de films, ce qui permet de soutenir la diversité et de créer une structure solide pour les professionnels du secteur audiovisuel du pays. Ces fonds peuvent avoir leurs propres réglementations et exigences, à l'attention des bénéficiaires, comme de dépenser le fonds sur le territoire qui l'offre, contribuant ainsi directement à la promotion du cinéma national.

Pour pouvoir créer un fonds similaire pour le Liban, des stratégies doivent être mises en place et des experts doivent suivre de près le processus de dépenses et de gains. Une aide financière aux films libanais doit être introduite sur la base d'une taxe supplémentaire sur les ventes de billets. Cette dernière peut être utilisée pour la création de ce soutien au cinéma destiné à l'écriture, la production, et la distribution, comme nous l'avons déjà mentionné au premier point de ce chapitre. Toutefois, la structure du ministère doit séparer les budgets entre les différents départements et leurs différentes branches. Le fonds doit pouvoir proposer des subventions proportionnelles aux recettes des films au box-office sur lesquelles des taxes ont été perçues pour renflouer les caisses du fonds.

Étant donné que les recettes perçues sur l'exploitation des films étrangers sont plus importantes et atteignent généralement le double des recettes des films nationaux, l'État peut ajouter une taxe supplémentaire de 7 % sur les films étrangers également. La taxe doit être payée à 3.5 % par les studios et à 3.5 % par les distributeurs locaux qui en tirent profit, et peut contribuer à l'enrichissement du fonds de soutien.

Ainsi, les films étrangers, générant plus d'entrées, permettent le financement du cinéma libanais. De ce fait, à la fois les exploitants et les talents peuvent en profiter. De plus, en ouvrant des salles de cinéma publiques de type multiplexe et d'art et essai par l'État, ce dernier peut récupérer un pourcentage plus élevé des recettes, comme c'est le cas du cinéma chinois dirigé par le gouvernement du pays. Une autre possibilité peut être d'avoir une salle dédiée à l'art dans les multiplexes. En cas de crise économique, le gouvernement peut utiliser ce fonds pour encourager les artistes à réaliser de nouvelles œuvres. Car ces derniers sont les penseurs du pays et leurs œuvres font partie de la mémoire du pays, qu'il ne faut jamais arrêter d'enrichir. La politique du pays doit donc se fonder sur le développement du cinéma et la protection de ses œuvres.

De plus, notons que les aides publiques ont été implémentées dans de nombreux pays européens : la France, la Hollande, l'Allemagne. C'est une contribution directe au développement du secteur cinématographique. Optimiser le soutien au cinéma national est une nécessité et le versement de subventions doit être conditionné, puisqu'il s'agit d'investir dans les films d'art qui contribuent, en échange, à l'enrichissement du secteur culturel. Par exemple, ces films doivent être tournés au Liban, avec une équipe libanaise et dépenser leur financement localement. Le dialecte doit être libanais et le film sans co-production. Ainsi, ce fonds peut considérablement renforcer l'identité culturelle du pays. De plus, ils doivent être distribués ultérieurement à l'étranger afin d'exporter la culture libanaise au-delà des frontières du pays, puis diffusés sur les chaînes de télévision et les plateformes VOD.

1.4 La stratégie d'optimisation des relations avec les télévisions et les VOD

Comme au Liban le secteur cinématographique est toujours faible en termes de distribution, et que les revenus sont limités, il est important de trouver des moyens de collaboration avec d'autres divisions plus riches pour le fortifier. Les médias, et plus spécifiquement la télévision, sont considérés comme un secteur riche. Ils occupent une place essentielle dans l'éducation et la transmission du savoir au grand public. Si la télévision n'a pas un pouvoir intellectuel et culturel au Liban, elle joue tout de même le rôle d'un maître qui sculpte toute une civilisation. Toutefois, la collaboration entre les différents secteurs doit suivre quelques réglementations. En effet, l'État est capable de créer de nouvelles lois pour promouvoir la distribution des films libanais à la télévision ou sur internet, par exemple, deux fois par semaine, en contrepartie de réductions d'impôts comme nous l'avons déjà mentionné.

Les dispositions doivent être explicitement énoncées par l'État et le ministère de la Culture, notamment en ce qui concerne les critères à suivre. Par exemple, au Liban, le « prime time » est le vendredi et le samedi soir, ainsi que tous les soirs à 21h, en semaine, heure durant laquelle les télévisions libanaises projettent les programmes qui correspondent à leur sens aux demandes des téléspectateurs. Il est ainsi possible de demander aux chaînes de trouver un créneau convenable pour diffuser des films, comme par exemple, le mardi et le jeudi à partir de 22h30.

Nous y revenons ultérieurement. De plus, il est possible d'imposer des lois sur les plateformes VOD, afin qu'elles investissent dans la production locale. Tout ceci ne se passe pas d'une bonne négociation avec les chefs d'entreprises pour aboutir à un résultat favorable et encourager le cinéma libanais. Les échanges entre ces deux parties ne peuvent s'effectuer sans l'intervention de l'état, dont le rôle est de compenser les rapports de forces et d'assurer l'équité en termes de négociation. Si le gouvernement reprend le pouvoir et essaye de trouver les points forts qui lient ces deux secteurs, en offrant un profit aussi bien au cinéma qu'à la télévision, alors seulement, cette contribution peut voir le jour. Parmi les pays qui ont mis en place des alliances directes ou indirectes avec la télévision, notons surtout la France et même les États-Unis, où les chaînes de télévision peuvent contribuer au financement des films, et diffuser le contenu national pour leur offrir une visibilité beaucoup plus large, d'où la nécessité d'élaborer ces deux plans.

1.4.1 Les lois de production et distribution imposées aux chaînes

Après mûre réflexion, nous proposons dans cette sous-partie un certain nombre de stratégies relatives aux chaînes de télévision. D'après nos études, la chaîne gratuite publique Télé-Liban est capable de diffuser des films les weekends à partir de 21h pour promouvoir le cinéma libanais. L'État, de manière générale, peut imposer non seulement les jours de diffusion, mais également les types de films. Les chaînes doivent ensuite respecter un certain nombre de quotas concernant les films qu'elles diffusent, et dont la répartition se fait comme suit : 80 % des œuvres doivent être d'origine libanaise et 20 % arabes. De plus, dans le but de garantir la mise en valeur des films libanais qui forment 80 % des programmes cinéma à la télévision, nous proposons la répartition suivante à l'intérieur de ce groupe même : 20 % de films dits classiques et 80 % de films récents. Les chaînes de télévisions privées, quant à elles, elles peuvent investir dans le financement des œuvres libanaises et faciliter leur distribution.

L'une des principales règles françaises qui encadre la diffusion de films de cinéma à la télévision est la « chronologie des médias », qui doit être adoptée et adaptée au Liban. Les chaînes de télévision ne peuvent pas diffuser immédiatement les films sortis en salles. Elles doivent respecter un certain délai. Les règles doivent également dépendre du type de chaîne de télévision, des financements qu'elle injecte dans la production de films et des entrées en salles du film en question. Par exemple, les chaînes de télévisions payantes de cinéma peuvent diffuser le film 4 mois après sa sortie en salle, la chaîne de télévision gratuite au bout de 6 mois, et si la chaîne investit 7 % de son chiffre d'affaires au lieu de 3 %, elle peut le projeter au bout de 2 mois. La concurrence entre les télévisions est importante : il leur faut de trouver le moyen de réunir différentes audiences lors de la diffusion des films qu'elles ont achetés, afin de rentabiliser leurs investissements. À titre d'exemple, pour diffuser les actualités sans concurrence directe, la chaîne de MTV propose un créneau de quinze minutes avant la diffusion de celles-ci à la LBC. Une stratégie similaire peut être envisagée si les chaînes décident de programmer des films à la même heure, en avançant l'une des programmations de vingt minutes, pour capter l'audience avant qu'un autre film ne commence sur une autre chaîne. De même, le genre de films diffusés sur chaque chaîne peut permettre de créer une ligne éditoriale spécifique à cette dernière. En allant encore plus loin, il est nécessaire d'avoir une chaîne de télévision spécialisée dans le cinéma, qu'elle soit publique ou privée.

Lors de la diffusion de films de cinéma, les publicités doivent être d'une durée maximum de 5 minutes espacées de trente minutes, soit, en moyenne, deux pauses publicitaires pour un film d'une heure et demie. Elles doivent être liées à la culture (expositions, évènements, concerts), ce qui peut être une source profitable pour les télévisions. Par ailleurs, rappelons que les publicités de bandes annonces de films sont autorisées au libanais. Toutefois, il est primordial d'imposer une loi qui oblige les chaînes de télévision de promouvoir en priorité le cinéma libanais sur les blockbusters américains avec une répartition à nouveau de 80 % - 20 %. Par ces différentes dispositions, la télévision peut contribuer à l'enrichissement du secteur cinématographique et non plus uniquement de celui des séries télévisées de la région arabe.

1.4.2 Les nouveaux règlements sur les plateformes technologiques

Il est également important de contrôler les sources extérieures qui proviennent d'autres pays comme les plateformes VOD, pour protéger le territoire local. Netflix, qui est la plateforme en ligne numéro un de distribution, aspire à la mondialisation en imposant un monopole. L'extrême présence de certaines entreprises sur un secteur de l'économie mondiale peut nuire aux autres structures, en particulier les plus petites.

De plus, ces compagnies restent très opaques quant à leurs parts de marché ou leurs revenus. Ainsi, il n'est pas facile de calculer le pourcentage de ventes ou le chiffre d'affaires d'une société dans son environnement globalisé. S'il existe un seuil de parts de marché pouvant constituer une atteinte à la libre concurrence, voire un état de monopole, il n'est pas possible de confirmer que ces entreprises dépassent le pourcentage autorisé et qu'elles mettent en danger la concurrence ou la diversité de l'offre. En effet, l'ouverture des frontières est un droit garanti à tous, mais il n'est pas possible de s'opposer à ceux qui profitent exagérément de cette ouverture, d'où la nécessité d'imposer des lois de protectionnisme.

En d'autres termes, il existe une menace dans le monde pour les différents cinémas locaux. D'après la commissaire européenne à la concurrence Margrethe Vestager : « Le marché ne peut être confondu avec la société. Il doit servir la société. Quand le marché devient plus important que tout, on a l'impression d'être trompé en permanence et de ne plus avoir le contrôle. Nous avons le pouvoir de changer cela ». Cette annonce justifie les amendes imposées pour « abus de position dominante » à certains géants de l'Internet. Ainsi, pour régulariser leurs situations, Google (YouTube), Apple (iTunes), Amazon (Prime Video), Netflix, etc., tous ces acteurs étrangers doivent réserver un pourcentage de leur chiffre d'affaires réalisé au profit du septième art et payer une taxe. Cette dernière est généralement entre 3 % et 10 %, et il s'agit d'une taxe sur la vente fédérale des produits et des services. Dans le cas du Liban, une taxe de 7 % peut être appliquée.

Celle-ci concerne aussi bien les ventes en ligne de films et séries que les abonnements ou encore les revenus publicitaires de YouTube. Ce système de protectionnisme a été mis en place en France, en Italie et dans d'autres pays d'Europe. À titre d'exemple, Kris Sims, de la Fédération canadienne des contribuables, a appliqué la taxe non seulement aux services de diffusion vidéo en continu exploités par des sociétés étrangères, mais aussi à la diffusion de musique. Netflix a généré 780 millions de dollars de revenus d'abonnés canadiens au cours des neuf premiers mois de 2019. Il est donc impératif que les plateformes VOD internationales payent des taxes et s'engagent à financer des séries ou des films dans les pays où ils sont implantés, y compris au Liban. Dans le cas de Netflix et Amazon, leurs engagements financiers permettront de générer des gains considérables et ce, pour les deux parties. Il est également souhaitable que les plateformes VOD consacrent 30 % de leur catalogue diffusé au Liban aux productions locales. Quand il s'agit de la plateforme VOD libanaise Cinemoz, l'État peut lui offrir une réduction d'impôts de 7 %. En contrepartie, il leur est demandé de diffuser 30 % de films libanais gratuitement et de partager les revenus des publicités sur le film avec les producteurs à hauteur de 40 %.

En effet, tout gouvernement œuvrant en faveur de son propre cinéma doit garantir l'accès de ses citoyens aux films nationaux, sinon sa population se forme de manière informelle aux mœurs étrangères, par le biais de leur cinéma, et plus particulièrement au contenu américain. Le gouvernement doit donc adapter ces taxes pour promouvoir un contenu local. La loi sur les plateformes technologiques a été adoptée par de nombreux pays et le Liban peut également en tirer profit. Toutefois, ces règles ne doivent pas être imposées uniquement par le Liban. Elles doivent plutôt être étudiées par les pays régionaux, ce que nous appelons « monde arabe », afin d'avoir une position plus forte au moment des négociations.

1.5 Le développement des relations politiques et culturelles grâce à une association

Le développement des relations politico-culturelles est essentiel pour fortifier la nation, mais aussi pour renforcer les échanges internationaux. Notons comme exemple le cas de la MPAA (Motion Picture Association of America), fondée en 1922 sous le nom de MPPDA (Motion Picture Producers and Distributors of America), dans le but d'assurer la viabilité de l'industrie américaine. Elle travaille sur des stratégies de distribution internationale pour les studios qui la composent, et offre des services de consultation pour la taxation et des tactiques de négociations internationales. De ce fait, l'association joue un rôle primordial dans le développement des relations entre les différentes parties, permettant la fortification de l'industrie du cinéma. Un autre exemple concret est la coproduction internationale.

Cette dernière engendre une collaboration fructueuse entre deux ou plusieurs parties. Afin de réussir, que ce soit à exécuter un projet de film à petite échelle, ou à créer une industrie à grande échelle, il faut s'unir et s'entendre avec d'autres pays. Néanmoins, s'il n'est pas possible de forcer les partenaires potentiels à collaborer, il est nécessaire de cultiver un réseau professionnel, afin d'échanger des services matériels ou immatériels, tout en ayant un but commun, celui du développement du cinéma. Pour ce faire, il est important de nourrir l'économie du cinéma en matière de politique étrangère. Le lobbying est donc nécessaire et peut prendre une ampleur internationale. De ce fait, la création d'une association dédiée à ce travail est d'une importance première. Sa mission doit être dominée par le rayonnement du cinéma libanais tout en contribuant à établir un cinéma uni centré sur le « monde arabe ». Le gouvernement libanais doit soutenir cette association, notamment en termes de développement de l'industrie cinématographique. Ses représentants doivent proposer des alliances culturelles entre les pays arabes lors des négociations régionales.

Ainsi, l'association doit être étroitement associée à l'élaboration de la politique du « monde arabe », spécifiquement dans le domaine commercial de la production, la distribution et l'exploitation de films et de séries. En effet, d'un point de vue théorique, la diplomatie culturelle et les relations politico-culturelles renforcent le pouvoir des pays arabes en les unifiant. La culture aide à construire une communauté et à faciliter la communication entre les différents peuples de la région. Elle met en place les idéologies, les valeurs, les normes et les traditions, d'où l'importance de son rôle dans le secteur social et économique. Rappelons également qu'elle accorde une importance à la coopération avec les autres et enrichit la qualité de vie de la nation et des communautés. Elle change leur perception et crée des actions en groupe beaucoup plus solides.

De plus, comme la langue n'est pas un vrai obstacle dans le monde arabe et que les tensions culturelles sont peu existantes entre les pays arabes de la région, une telle coopération ne peut qu'apporter de la richesse au niveau national et régional.

1.5.1 Les missions pour un libre-échange régional

La position centrale des activités de l'association doit être institutionnalisée par son adhésion à la protection de la propriété intellectuelle. Cette alliance défendant la propriété doit convaincre les autorités publiques à veiller à sa protection et inscrire son non-respect dans les pratiques de concurrence déloyale. Il est possible par exemple d'utiliser un système en ligne contre le piratage des films régionaux. De plus, dès les premiers rapports, de nombreuses mesures doivent être adoptées par les gouvernements arabes en termes d'exportation / importation de films.

Il est important de préparer une liste dans laquelle figurent les pays qui ont une priorité dans l'importation / exportation et étudier les mesures à prendre. Il est aussi fondamental de multiplier les accords de libre-échange. L'association doit occuper une place dominante dans les champs de l'audiovisuel et des nouvelles technologies liées à la distribution et l'exploitation de films. Il s'agit d'analyser les interactions complexes qu'entretiennent les compagnies de ces secteurs. L'activité de l'association doit avoir une portée régionale, ce qui correspond à la reconfiguration des espaces socio-économiques et culturels dans lesquels l'État a perdu de sa prééminence. Ces dernières décennies, les transformations technologiques et les déréglementations ont conduit à l'émergence d'opérateurs variés. Nous proposons un peu plus loin deux systèmes pour le « monde arabe ».

Pour donner une idée concrète du travail de l'association, mentionnons quelques activités qui peuvent être adaptés par cette dernière. Par exemple, cette association à but non lucratif, culturelle et artistique, doit favoriser les relations politiques et culturelles entre les pays arabes de la région dans l'intérêt de travailler en collectivité sur les domaines éducatives et sociales d'une part, et sur la production, l'exécution et la distribution de films indépendants de l'autre, à travers l'organisation de débats, séminaires, ateliers artistiques entre les différentes communautés, permettant ainsi un échange intellectuel, culturel, pratique et technique.

De plus, deux tables rondes peuvent avoir lieu annuellement, en présence de la direction et des membres de l'association de chaque pays arabe, dans le but de discuter des problèmes liés à la politique de films, à la censure, au financement, à l'exécution et à la circulation des films, de chaque pays séparément, à travers des états des lieux individuels annuels, pour ensuite trouver des solutions de coopération régionales concrètes. De plus, des séminaires trimestriels pour les professionnels de l'industrie doivent être organisés, chaque fois dans un pays arabe différent, et portant sur un sujet novateur dans le domaine du cinéma. La participation des experts internationaux est nécessaire, afin de partager l'expertise acquise par les pays les plus développés dans la région, toujours dans le but de fortifier la structure économique du cinéma de chaque nation, afin de créer un « monde arabe » uni et solide. Il est ainsi important de créer cette collaboration pour donner la chance aux films arabes de la région de résister aux blockbusters du marché.

1.5.2 Une vision pour développer un « cinéma arabe »

Comme nous l'avons mentionné précédemment, la prédominance repose sur une situation spécifique que doit mettre en place l'association. Celle-ci doit s'efforcer à structurer les marchés et forger de nouvelles pratiques ancrées dans le monde arabe, notamment en fortifiant les liens entre producteurs, distributeurs et exploitants des différents pays arabes. De plus, elle doit demander aux professionnels d'être adhérents à cette dernière et doit avoir des membres clefs dans toutes les régions arabes, afin de constituer des ensembles économiques permettant à ses compagnies membres de s'imposer, ce qui implique un lobbying considérable en matière de droit international et son application au sein des États. L'association doit agir sur le cours de l'activité intergouvernementale comme conseillère, en développant des liens étroits avec la diplomatie de la superpuissance. Loin de se contenter de l'arène nationale, l'association peut alors organiser un lobbying auprès des gouvernements pour obtenir leur soutien.

Dans les pays émergents, l'activité de l'association se révèle cruciale dans la formation d'un marché pour permettre aux entreprises arabes de prospérer. Elle effectue par sa position des échanges avec les autorités locales à la manière d'un réseau pour que celles-ci légifèrent et fassent exécuter les lois. Sa force réside dans ce constant lobbying de forme transnationale mené auprès de chaque gouvernement. L'association doit occuper une position centrale dans l'audiovisuel et assumer un rôle considérable dans la gouvernance du cinéma arabe. En effet, loin de ne résulter que de créations réussies et du libre jeu de l'offre et de la demande, la prépondérance régionale s'établit en premier lieu sur la diffusion de comportements et de valeurs morales.

Chaque pays arabe a sa propre culture et son propre cinéma. Néanmoins, tout pays doit affirmer son existence en collaborant avec les autres, d'où « l'exception culturelle », concept introduit par la France lors du GATT (Accord Général sur les Tarifs Douaniers et le Commerce) en 1993, et dont le but est de traiter la culture différemment des autres produits commerciaux. Ceci afin de limiter le libre-échange sur le marché d'une part, et de soutenir les artistes locaux de l'autre. De nos jours, en 2020, les zones d'action de partenariat ne font souvent que s'y recouper ou s'y croiser. Si la multiplication des festivals dans la zone témoigne d'une volonté de créer un espace cinématographique méditerranéen, celui-ci reste largement à construire et à développer. Toutefois, le marché du cinéma de chaque pays arabe évolue graduellement, menant à la fois à une visibilité nationale et régionale, d'où l'importance du concept de libre-échange dans les trois phases de développement, exécution et distribution. Ceci s'avère d'autant plus nécessaire que le cinéma national de la plupart des pays arabes est en cours de développement et que le soutien collectif est essentiel.

L'Arabie saoudite après 35 ans d'interdiction fait du cinéma. En Algérie, les cinéastes réalisent des films de qualité qui sont distribués dans des festivals. Mais aussi, en Tunisie qui produit des longs-métrages grâce à la création du Centre national du Cinéma et de l'Image en 2011. Quant au Maroc, la production cinématographique est, toutes proportions gardées, la plus florissante. Le nombre de films produits a été multiplié par quinze depuis qu'un ajout à la loi des finances a permis d'attribuer 5 % des recettes publicitaires de la télévision à un fonds d'aide au cinéma. De même, des accords de coproduction avec l'étranger existent : l'Italie a par exemple un accord avec l'Algérie, la Tunisie, et le Maroc. Par conséquent, les films régionaux sont aussi importants que les films locaux, car ils assurent aux réalisateurs une meilleure communication avec une plus large audience. Un film employant un dialecte assez répandu dans le monde arabe peut lui donner une visibilité beaucoup plus importante qu'un film ayant recours à un dialecte moins parlé.

D'où la nécessité de la coproduction arabe et de la structuration d'un cinéma commun. Pour donner un exemple concret, dans le cas du Liban, travailler avec le Kuwait peut être bénéfique pour les deux parties. Le Liban peut leur offrir son expertise technique sur le terrain, puisqu'il est dans le domaine depuis plus d'années. Ainsi, un échange entre les techniciens de cinéma est possible pour assister aux tournages et acquérir un entraînement efficace. En contrepartie, le Kuwait peut investir dans les films libanais. Quant au Maroc, l'échange peut s'effectuer au dernier maillon de la chaîne : à la distribution, étant donné que dans ce pays, les salles de cinéma sont peu nombreuses. Les professionnels peuvent profiter de l'exploitation de leurs films au Liban, car il y existe un grand nombre de salles et en contrepartie fournir une aide financière pour la co-production des films libanais.

Pour développer encore plus le concept d'échange, nous avons tenté de créer un schéma qui puisse illustrer les potentielles relations de soutien entre les différents pays arabes, en montrant ce que chaque pays arabe peut offrir aux autres sans affecter son cinéma national.

8. Point cinématographique fort de chaque pays arabe

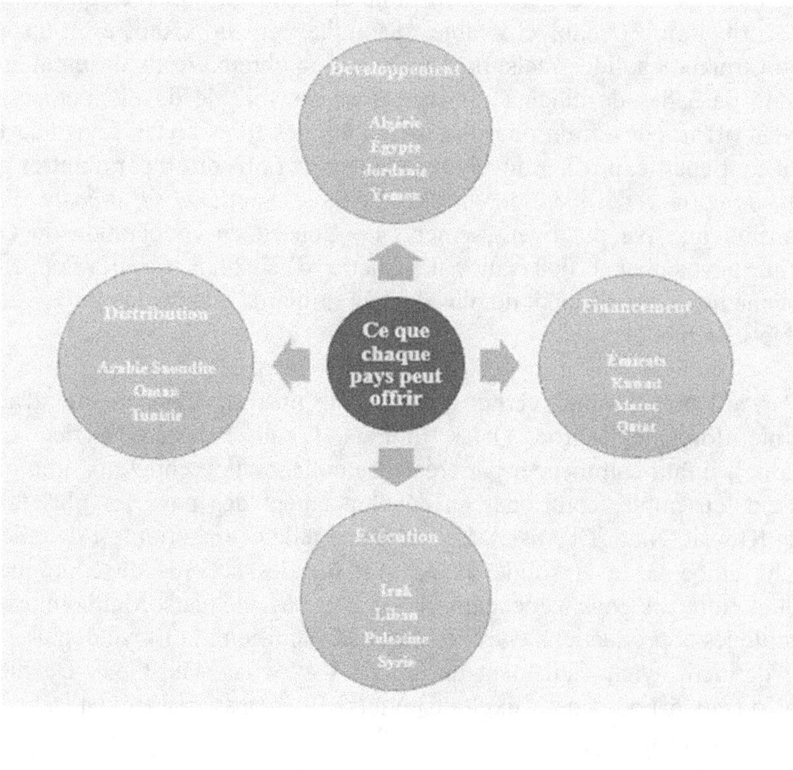

L'Égypte, connue pour The Birthmark Scenario et Mahd Film, la Jordanie pour Raw Script Lab, Azraq Film School et SAE Institue, et l'Algérie pour son centre de développement du cinéma, peuvent proposer des ateliers de scénario et des laboratoires de réalisation, jouant ainsi un rôle fondamental dans le développement de l'industrie cinématographique arabe. De même pour le Yémen où la société Comra Films a travaillé à la formation de cinéastes et à la constitution d'un réseau de professionnels de l'industrie, étant donné qu'aucun financement public ou privé n'est disponible pour les cinéastes yéménites, ni aucune coproduction internationale dans le pays. Le Qatar, les Émirats, le Maroc et le Kuwait peuvent, quant à eux, être d'une aide financière, que ce soit à travers les fonds de soutien ou même les investissements privés. Quant aux pays du Levant, ils ont des industries culturelles riches en employés techniques, en acteurs de séries de télévision et en lieux de tournage culturellement et historiquement intéressants. Ils peuvent donc offrir une aide exécutive. C'est le cas du Palestine FilmLab, qui est une institution pour le développement de l'industrie cinématographique palestinienne. Bien qu'il n'offre pas de soutien financier, FilmLab propose de faciliter les productions internationales en donnant accès aux lieux de tournage, à l'équipe et au matériel. Le pays a travaillé sur plusieurs coproductions avec le Doha Film Institute du Qatar. Enfin, en ce qui concerne la distribution, Oman, l'Arabie Saoudite et la Tunisie n'ont pas d'infrastructure solide, mais proposent de nombreux festivals et un grand nombre de salles de cinéma (existantes ou en voie de développement). Ils peuvent offrir leur terrain pour la distribution des films arabes dans leur pays et, en contrepartie, profiter du développement de films offert par d'autres pays. Il est important de mentionner que l'Arabie Saoudite se prépare à une expansion massive du divertissement. Le Conseil de coopération du Golfe compte développer 1 000 salles de cinéma d'ici 2025. Ce développement moyenne un investissement de plus de 3,54 milliards d'euros et en majorité en Arabie saoudite.

Par ailleurs, comme certains pays sont plus développés que d'autres (Égypte, Jordanie, Maroc, Qatar, Émirats, Liban, Palestine, Syrie, Arabie saoudite), il faut commencer par créer une collaboration entre eux, afin qu'ils puissent, ensemble, contribuer au développement des pays les plus faibles (Iraq, Kuwait, Oman, Tunisie). Le but d'une telle coopération est de créer un marché arabe vaste et solide. Il est vrai que les accords de coproduction existent entre ces pays, cependant, ils ne sont pas adéquats. Mentionnons par exemple les coproductions entre le Maroc, la Tunisie et la Libye depuis 1994, cette dernière ayant également des accords avec la Mauritanie. De même, CineCo (saoudi) possède et exploite au total 49 écrans de cinéma à Bahreïn et 47 écrans au Qatar.

Toutefois, ces liens ne sont pas régularisés et ne sont pas adoptés de façon égalitaire dans les pays arabes, d'où l'intérêt de notre étude, car il est primordial de construire un cercle vertueux qui puisse améliorer et équilibrer le système existant.

Conclusion

Pour conclure, ce chapitre, dédié au ministère de la Culture, expose les raisons pour lesquelles et les moyens par lesquels ce dernier peut reprendre son pouvoir et créer de nouvelles lois pour fortifier l'économie du cinéma du pays. Nous y avons proposé des stratégies concrètes pour le développement du cinéma. Les stratégies d'Elias Doummar ont également été mentionnées, parmi elles : la sélection d'un comité d'experts du cinéma, la création d'un syndicat, le renforcement de la cinémathèque nationale, la promotion des films libanais dans les festivals et l'ouverture d'un musée dédié au cinéma.

Nous avons élaboré ces stratégies en nous appuyant sur l'importance d'établir des études financières pour chaque projet, d'avoir un département dédié à la recherche cinématographique, un délégué qui suit le travail des associations qui collaborent avec l'État, un lobbyiste qui puisse représenter le cinéma libanais à l'international et une équipe de chercheurs pour développer encore plus ces tactiques. Nous avons également mentionné l'importance d'avoir un budget dédié à la cinémathèque, mais aussi, celle d'avoir un fonds au développement des films aux différents stades de création (écriture, production et distribution), sans oublier l'importance de la taxation.

De plus, nous avons suggéré la création du poste de ministre du Cinéma et le regroupement des affaires concernant le cinéma sous un seul directeur spécialiste du métier, afin qu'il puisse faciliter la création de lois fiscales, d'impôts sur les billetteries, des incitations aux tournages au Liban, et enrichir une nouvelle caisse dédiée au département cinéma et non à la caisse globale du ministère de la Culture. Nous nous sommes inspirés des systèmes internationaux pour proposer des actions détaillées liées à la production (mettre en place un mécanisme de soutien pour les coproductions), à la diffusion (en salles et à la télévision), à l'importance de collecte de données (centre de recherches), mais aussi à la formation initiale (école de cinéma), une éducation à l'image et au son et la formation professionnelle. Le Liban doit travailler à la conservation des archives et à la réforme de l'éducation cinématographique, afin de fortifier l'identité culturelle.

Nous nous sommes focalisés sur les grandes lignes mentionnées au premier point pour les développer et donner des propositions concrètes que l'État peut adopter. Parmi ces dernières, l'importance de la diffusion des films à la télévision en élaborant le rôle que les télévisions libanaises doivent jouer dans la promotion du cinéma libanais, et les obligations que l'État doit imposer sur les plateformes VOD en ce qui concerne la production et la distribution des films.

Nous ajoutons l'importance d'avoir une salle de cinéma multiplexe et d'art et essai affiliée au secteur public. Enfin, il est important que l'État partage les résultats des études de marché avec les distributeurs et exploitants, afin qu'ils puissent attirer les spectateurs actifs et passifs dans leurs salles de cinéma. Toutes ces propositions sont nécessaires pour créer une structure économique pour le pays. Pour ce faire, l'État doit nécessairement détenir le pouvoir en termes de décision et d'un point de vue juridique pour arriver à mettre en place un système économique viable pour le cinéma libanais.

Toutefois, il est important de prendre conscience des difficultés liées aux situations économique et politique actuelles du pays. Parmi ces dernières : le budget restreint du ministère de la Culture en général et du département cinéma en particulier et l'inexistence d'experts en économie du cinéma dans le pays et la dominance des entreprises et des associations privées. Cependant, nous estimons que nos stratégies peuvent voir le jour malgré ces contraintes, dans la mesure où nous travaillons à l'élaboration d'un modèle économique nommé « bootstrapping », adapté notamment aux entreprises aux faibles fonds. En effet, il s'agit d'avancer graduellement dans le travail, en commençant par les stratégies clefs qui peuvent être appliquées sur le court terme et qui sont indispensables pour ouvrir d'autres portes. Pour donner deux exemples concrets : il s'agit de commencer par créer de nouvelles lois qui permettent de créer un fonds, et en parallèle, il est question de collaborer avec des experts et des doctorants bénévoles qui peuvent être ensuite embauchés.

Chapitre 2 : Étude quantitative dans les salles de cinéma régionales

Introduction

Au Liban, il existe de nombreuses salles de cinéma : Cinemacity, Citymall, Dora / Cinemacity, Beyrouth Souks, Centreville Beyrouth / Cinemall, Le Mall, Dbayeh / Empire Metropolis, Centre Sofil, Achrafieh / Empire, Espace Zouk, Jounieh / Empire Premiere, Sodeco Square, Beyrouth / Empire, The Spot, Nabatieh / Empire, The Spot, Choueifat / Empire, Cascada Mall, Taanayel, Zahleh / Grand ABC, Ashrafieh / Grand, The Spot, Sidon / Grand, Las Salinas, Enfeh / Grand, ABC, Dbayeh / Grand, Galaxy, Beyrouth / Grand, ABC, Verdun / LFA, Cinema Abraj, Furn El Chebbek / Planète, City Complex, Tripoli / Stargate, Ksara, Zahle / VOX Cinemax, et Beyrouth City Center, Hazmieh.

9. L'implantation géographique des salles de cinéma libanaises

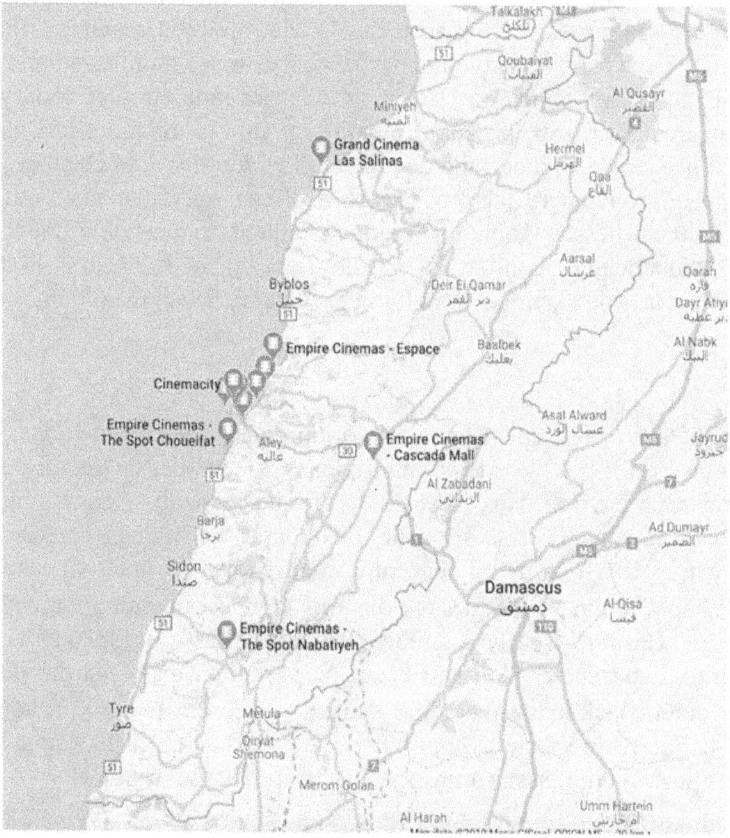

À Jbeil, la ville la plus grande de Mont-Liban, la construction d'un multiplexe dans un centre commercial a été confirmée en 2018, dans le but d'attirer les spectateurs de la région de Jounieh à Tripoli, mais aussi, et surtout, d'attirer les étudiants de l'Université LAU Jbeil. Toutefois, ce projet a été reporté à 2020. Notons également que l'implantation géographique des salles est étudiée par rapport aux spectateurs de classe sociale aisée et non par rapport à l'importance de la culture, qui doit être offerte à toute la population libanaise.

Beyrouth

La majorité des cinémas se trouve à Beyrouth, capitale du Liban. Les exploitants considèrent cette région comme source première de leurs revenus. Cela est dû à l'agglomération de cette ville, de 19.8 km^2 et qui abrite environ deux millions d'habitants. Dans cette région, il existe une salle d'art et d'essai, Metropolis, sous le statut d'organisme à but non lucratif. Rappelons que Metropolis a annoncé en janvier 2020 la fermeture définitive de ses portes. L'emplacement de Metropolis dans un quartier sans restaurant, ni magasin, n'encourage pas les jeunes et les familles à passer leurs weekends au cinéma. Quant à Hamra, un quartier multiculturel de Beyrouth, où la plupart des artistes vont pour prendre un café ou regarder une pièce de théâtre, il n'y existe aucune salle de cinéma. Les terrains sont chers et il n'est pas facile de convaincre un propriétaire de louer une salle pour ouvrir un cinéma d'art et d'essai. Toutefois, ce quartier peut donner vie à une salle de cinéma indépendante, comme en atteste l'existence du théâtre Metro Al Madina au centre de Hamra et dont l'audience de niche apprécie l'art.

Dbayeh

Dbayeh attire les spectateurs majoritairement de Mont-Liban. Nous remarquons qu'il existe deux multiplexes dans deux grands centres commerciaux à environ deux minutes de distance à pied. Chaque multiplexe attire des spectateurs de classes sociales différentes. Le Mall est considéré plus populaire que l'ABC, qui est un centre commercial de luxe. Cependant, il existe des spectateurs venant des régions montagneuses comme Faraya et des villages du Caza de Metn comme Bikfaya. Les multiplexes attirent également les spectateurs de Jounieh qui ne souhaitent pas regarder de films dans un cinéma en sous-sol comme ceux de l'Empire Espace. Notons que pendant la guerre du Liban, l'Empire Espace et le cinéma Kaslik (qui a depuis fermé ses portes) ont réussi à attirer les spectateurs de Beyrouth.

Tripoli

Les trente salles de cinéma de Tripoli des années 1970 ont fermé leurs portes après la guerre du Liban en 1975. Parmi ces dernières : *El Tall*, *Fouad Chehab Boulevard*, *Nejmeh Square*, et *Al Zahriya*. Mentionnons également les cinémas *Rivoli, Colorado, Palace, Odeon, Victoria, Cleopatra, Hamra,* et *Capitol*, qui ont pu attirer le grand public de la ville et intéresser les familles. Les prix des billets dans ces cinémas sont abordables et varient entre 75 et 150 centimes pour le balcon, avant la détérioration de la valeur monétaire durant la guerre de 2 LL pour 1 $, à 1 500LL pour 1 $ durant les années 2000. Ces tarifs ont fait de cet espace un loisir premier pour les familles de Tripoli. Aujourd'hui, il n'existe plus que deux cinémas à Tripoli. Le premier se trouve dans un centre commercial nommé City Complex et offre un catalogue de films restreint. Le second cinéma se trouve à Mina (au littoral de Tripoli), mais n'attire que le public aisé. Ainsi, les familles populaires ne trouvent plus leurs salles de cinéma. Ces sources d'information nous ont été transmises par ces dernières.

Saida

En général, au Liban, il n'existe pas de salles de cinéma dans les petites villes et dans les montagnes. La seule salle de cinéma, AK 2000, qui se trouvait à Tyr, une ville de 4 km^2 avec 200 000 habitants, a fermé ses portes. Les spectateurs se trouvent ainsi obligés d'aller dans une autre ville nommée Sidon de 7 km^2 et qui comporte 80 000 habitants, pour regarder des films. Ce cinéma existe dans un multiplexe, au Sidon Mall et contient un catalogue limité de films. Toutefois, en 2018, le cinéma Rivoli de Tyr (1959 à 1988) a été rénové en tant qu'espace culturel. Ce dernier projette des films classiques en 2020.

Beqaa

La seule exception quand il s'agit de cinémas dans une vallée est le multiplexe de l'Empire Cinéma au centre commercial de Cascada Bekaa. Toutefois ce dernier n'attire pas la population de Bekaa car c'est un multiplexe de luxe dans une région populaire : il ne lui ressemble pas. Ces informations nous ont été transmises par les spectateurs, lors de la répartition des questionnaires. Dans les régions montagneuses, il n'existe presque pas de salles car les exploitants ne pensent pas pouvoir en tirer profit. Or, pour encourager la culture, les petites salles populaires sont essentielles et peuvent attirer la population qui n'a pas de nombreux choix de loisir.

Il est important de noter que le transport public au Liban est limité : ni de métro ni de tramway. La majorité de la population utilise la voiture pour se déplacer. Rares sont ceux qui prennent le bus ou les taxis publics, car ces derniers sont souvent dans un état déplorable. Les transports en commun sont limités dans toutes les régions libanaises et inexistants dans les montagnes.

2.1 L'étude quantitative sur les spectateurs actifs

Le cinéma libanais a évolué de 2004 à 2011. La production est passée de 4 films à 31 films. Toutefois, le nombre de spectateurs des films libanais reste limité à 325 000 entrées pour un film local. Il est important d'étudier le comportement des spectateurs et leurs perceptions du cinéma libanais. Dans un pays où il n'existe pas de centre d'études cinématographiques, ni de statistiques officielles, nous posons de nombreuses questions sur l'identité du spectateur. Qui est le public libanais ? Quels sont ses besoins et ses attentes ? Dans cette étude, nous répondons aux questions de marketing et de consommation, aux choix et perceptions des films, aux implantations géographiques et leur fréquentation et enfin, aux nouvelles technologies et leurs impacts sur les spectateurs libanais. Il est important de mentionner, que nous reprenons les mêmes termes du Centre National du Cinéma et de l'Image animée, en différenciant les spectateurs assidus (ceux qui vont une fois par semaine dans les salles) des spectateurs réguliers (ceux qui se rendent une fois par mois au cinéma).

10. Distribution de la population (Source : City Population 2017)

Subdivision Territoriale	Habitants	% d'habitants
Beyrouth	433 249	0.8 %
Mont-Liban	1 802 238	33.2 %
Nord du Liban	790 951	14.6 %
Bekaa	534 342	9.8 %
Sud du Liban	590 078	10.8 %
Liban	5 416 225	100

L'échantillon a été distribué dans cinq régions du Liban comme ci-dessous :

11. Distribution des 2500 participants par territoire

Subdivision Territoriale	Participants
Beyrouth	500
Dbayeh	500
Tripoli	500
Beqaa	500
Saida	500
Liban	2500

12. L'implantation géographique des cinémas visités

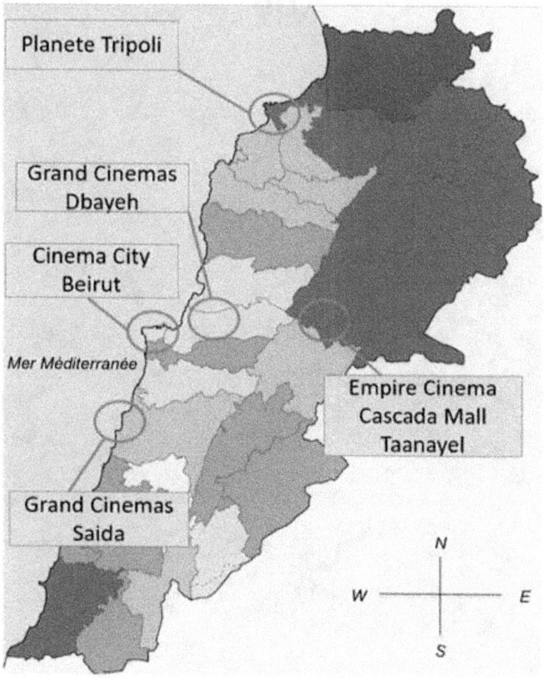

Planète Tripoli se trouve au nord du Liban, Grand Cinemas Saida au Sud, Empire Cinemas Taanyel au Bekaa, Grand Cinemas Abc Dbayeh à Mont-Liban et Grand Cinemas à Beyrouth, au cœur du Liban.

13. Taux de participation par sexe (des actifs)

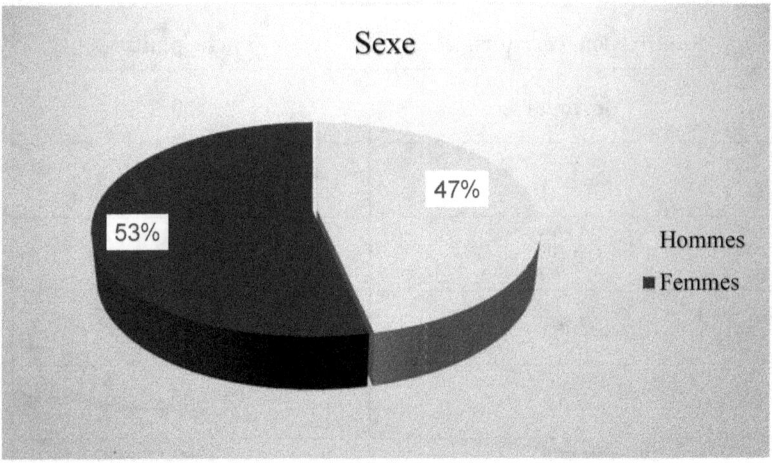

14. Taux de participation par âge (des actifs)

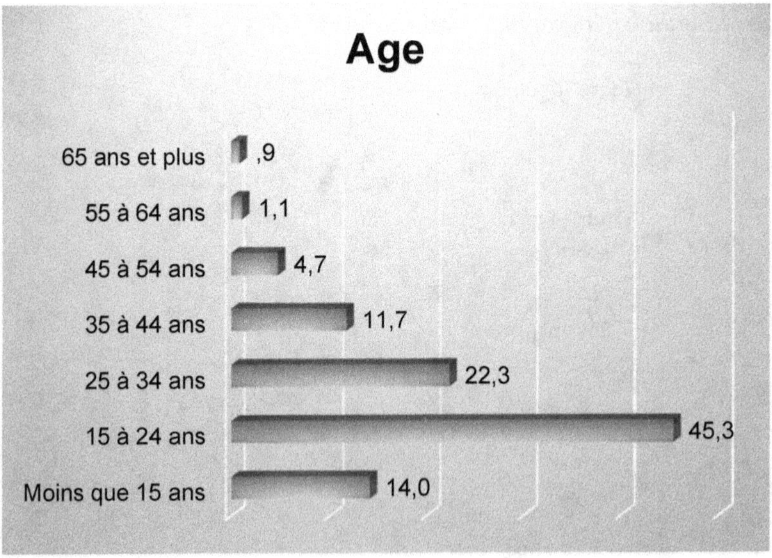

47 % des personnes qui ont répondu aux questionnaires sont des hommes et 53 % des femmes. Quant à l'âge, 45.3 % des participants sont des jeunes de 15-24 ans, représentant la majorité des spectateurs libanais. Les moins de 15 ans représentent 14 %, les 25 à 34 ans 22.3 %, les 35 à 44 11.7 %, les 45 à 54 4.7 %, les 55 à 64 1.1 % et enfin, les 65 et plus 0.9 %.

2.1.1 L'emplacement des salles de cinéma par rapport aux spectateurs

15. Temps nécessaire pour arriver au cinéma

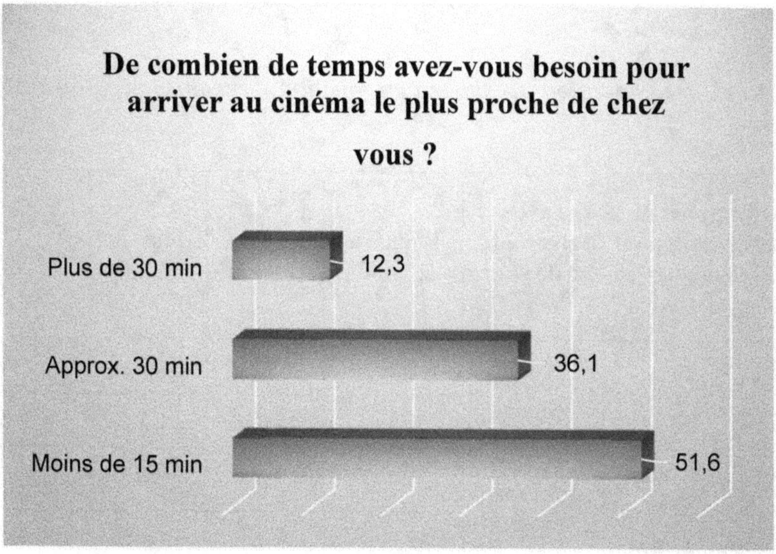

D'après les données collectées, nous remarquons que les spectateurs qui habitent à moins de 15 minutes des cinémas y vont le plus souvent avec 51.6 %. Ceux qui habitent approximativement à 30 minutes constituent 36.1 % de l'échantillon. Quant à ceux qui habitent plus loin et qui ont besoin de plus de 30 minutes en voiture pour y arriver, ils constituent 12,3 %.

Ceci prouve que la distance est étroitement liée aux habitudes de consommation. Ainsi, l'implantation géographique des salles de cinéma semble être un facteur essentiel pour attirer les spectateurs libanais.

16. Taux de fréquentation du cinéma

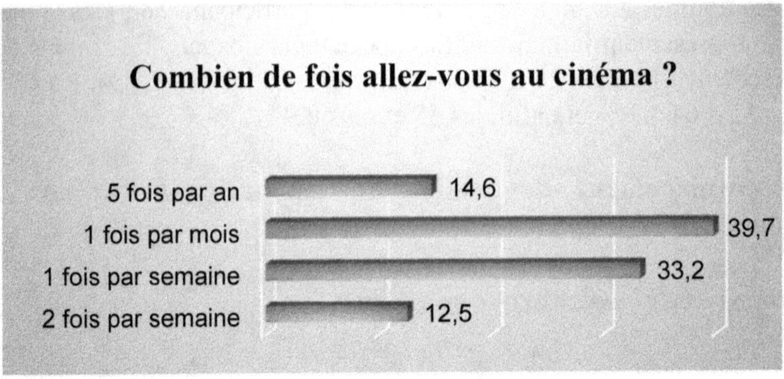

17. Taux de fréquentation du cinéma en fonction du temps nécessaire pour y arriver

De combien de temps avez-vous besoin pour arriver au cinéma le plus proche de chez vous ?		Moins de 15 min	Approx. 30 min	Plus de 30 min	Total
Combien de fois allez-vous au cinéma ?	2 fois par semaine	177	93	42	312
		56.7 %	29.8 %	13.5 %	100.0 %
	1 fois par semaine	409	326	95	830
		49.3 %	39.3 %	11.4 %	100.0 %
	1 fois par mois	508	381	103	992
		51.2 %	38.4 %	10.4 %	100.0 %
	5 fois par an	195	103	68	366
		53.3 %	28.1 %	18.6 %	100.0 %
Total		1289	903	308	2500
		51.6 %	36.1 %	12.3 %	100.0 %

De plus, nous constatons que la majorité des spectateurs vont au cinéma une fois par mois. Il s'agit d'environ de 39.7 % d'entre eux. Ceux qui vont au cinéma une fois par semaine constituent 33.2 %, un pourcentage relativement proche. Quant aux spectateurs actifs qui y vont cinq fois par an et deux fois par semaine, ces derniers représentent respectivement 14.6 % et 12.5 %. Ceci montre que la plupart des spectateurs sont des réguliers et non pas des assidus. Le public cinéphile est inférieur au public occasionnel, ce qui explique le fait que le cinéma au Liban est perçu comme étant une sortie et non pas un besoin culturel.

L'analyse bivariée nous permet d'étudier la relation entre l'implantation géographique et la fréquentation des salles de cinéma. En effet, ceux qui vont le plus souvent au cinéma sont ceux qui habitent le plus proche de la salle. Les résultats de l'analyse corrélative entre le temps pour arriver à la salle la plus proche de chez eux et la fréquentation au cinéma le prouvent. Dans toutes les catégories, le pourcentage le plus élevé est pour ceux qui ont besoin de 15 minutes pour arriver à la salle. Il s'agit de 56.7 % pour les « 2 fois par semaine », 53.3 % pour les « 5 fois par an », 51.2 % pour les « 1 fois par mois » et 49.3 % pour les « 1 fois par semaine ». Toutefois, nous rappelons que les spectateurs représentent 1/6 de la population libanaise. Cela peut être lié à l'implantation géographique des salles. Notre parcours sur les cinémas au Liban prouve que Tripoli, Beqaa et Jbeil manquent de salles de cinéma et les régions montagneuses ne sont pas exposées au cinéma et à la culture. Nous verrons que ce manque d'équilibre affecte la nouvelle génération de spectateurs et l'éducation culturelle de cette dernière.

2.1.2 L'impact des outils de marketing sur la consommation de films

Le graphique ci-dessous (cf.18) nous permet de noter que la plupart des spectateurs, environ 31.3 %, sont des consommateurs actifs de la télévision. En effet, la communauté libanaise est ancrée dans la culture des médias, comme nous l'avons mentionné dans notre premier ouvrage. La majorité des spectateurs apprennent les informations liées au cinéma grâce aux bandes annonces diffusées à la télévision. Nous rappelons que dernières sont autorisées au Liban et que la MTV et la LBC offrent des lancements gratuits aux films libanais, mais aussi aux films américains. La communication par le bouche-à-oreille et la consultation internet via un site web sont presque égales avec, respectivement, 23.7 % et 24.9 %.

Ainsi, la communauté libanaise constitue un outil important de partage de conseils et de suggestions liés au cinéma. Le Liban reste un petit pays où le bouche-à-oreille a un impact assez fort. Les sites web internet sont également utilisés comme moteur de recherche par les spectateurs actifs : l'accès internet leur permet de consulter les catalogues de films en ligne. Quant aux affiches, elles influencent peu le spectateur libanais avec 14.5 %. Toutefois, nous verrons que ces pourcentages diffèrent d'une région à l'autre. Enfin, les applications mobiles sont rarement utilisées car elles ne sont pas régulièrement mises à jour avec 5.5 %. Il est important de mentionner qu'en 2019, les spectateurs libanais téléphonent toujours aux salles de cinéma, afin de se renseigner à propos de la sortie et des horaires des films. De plus, ils réservent leurs sièges majoritairement par téléphone et non pas sur le site du cinéma. Les anciennes habitudes sont toujours ancrées dans leur culture.

18. Outil de marketing choisi pour savoir la sortie d'un film

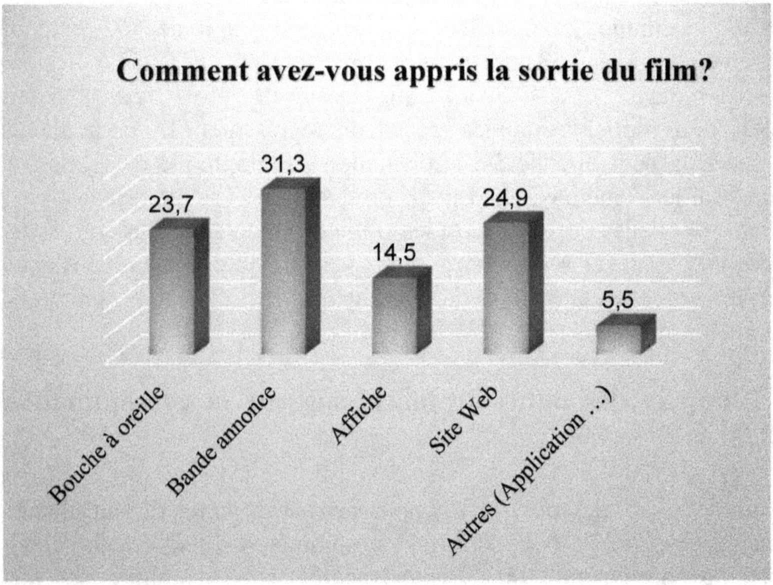

Il est également important d'étudier les outils qui influencent le choix du spectateur libanais, afin d'arriver à lui proposer un certain contenu. En effet, la majorité des spectateurs sont influencés par l'histoire avec 39.5 %. Puis par les vedettes des films avec 35.3 %. En 2020, le « Star System » est toujours présent au Liban et peut attirer les spectateurs aux salles de cinéma. Néanmoins, le genre, la réalisation et la production ont aussi un effet sur le choix des films des actifs avec, respectivement, 11.6 %, 6.4 % et 4.1 %. Il est clair que le contenu, en termes de qualité de films, les intéresse également. Nous y revenons ultérieurement pour étudier cette influence.

Quant à la famille, les amis, les successions et adaptations d'histoire, ils ne semblent pas être autant importants que les autres sources et représentent uniquement 3 % des participants. Plus tard, nous élaborons les études par région, sexe et âge afin d'avoir une analyse plus spécifique.

19. Facteurs influençant le choix de film

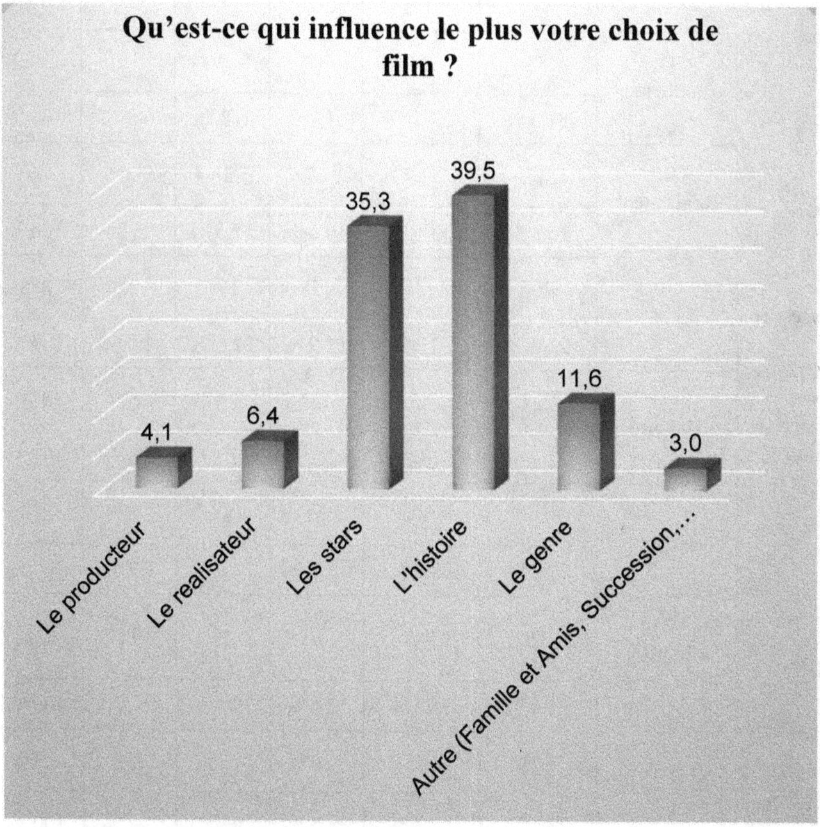

D'après l'analyse corrélative du tableau ci-dessous (cf.20), les spectateurs, qui découvrent la sortie d'un film par le biais du bouche-à-oreille, sont influencés par la production des films (51.5 %). Ainsi, ils s'intéressent aux films de grands studios. Ceux qui apprennent la sortie d'un film par la bande-annonce sont attirés par la réalisation, les acteurs et l'histoire avec, respectivement, 45.6 %, 32.3 % et 31 %, comme s'ils cherchent un contenu riche. Quant à ceux qui sont influencés par le site web, ils cherchent à trouver un genre qui leur plaît, ou suivent les recommandations de la famille, des amis, les suites, les adaptations d'histoire, la note des critiques, et les prix pour découvrir un film. Nous notons 29.9 % et 30.6 % pour chaque groupe respectivement.

20. Facteurs influençant le choix du film en fonction de l'outil de marketing choisi

Comment avez-vous reçu l'information ?		Bouche-à-oreille	Bande Annonce	Affiche de Cinéma	Site Web	Autre (Appli)	Total
Qu'est ce qui influence votre choix de film ?	Producteur	53	24	12	7	7	103
		51.5 %	23.3 %	11.7 %	6.8 %	6.8 %	100 %
	Réalisateur	41	73	17	28	1	160
		25.6 %	45.6 %	10.6 %	17.5 %	.6 %	100 %
	Stars	206	285	158	199	35	883
		23.3 %	32.3 %	17.9 %	22.5 %	4.0 %	100 %
	Histoire	224	306	122	279	57	988
		22.7 %	31.0 %	12.3 %	28.2 %	5.8 %	100 %
	Genre	51	83	45	88	27	294
		17.3 %	28.2 %	15.3 %	29.9 %	9.2 %	100 %
	Autre (famille, amis, suites, adaptation)	18	12	9	22	11	72
		25.0 %	16.7 %	12.5 %	30.6 %	15.3 %	100 %
Total		593	783	363	623	138	2500
		23.7 %	31.3 %	14.5 %	24.9 %	5.5 %	100 %

2.1.3 La non-correspondance entre l'offre et la demande pour les spectateurs

Grâce à cette étude quantitative, nous avons pu évaluer l'offre et la demande des films libanais. En effet, les réseaux sociaux, les critiques, même les professionnels du métier, supposent que la population libanaise se désintéresse des films libanais.

21. Taux de visionnage de films libanais en salle

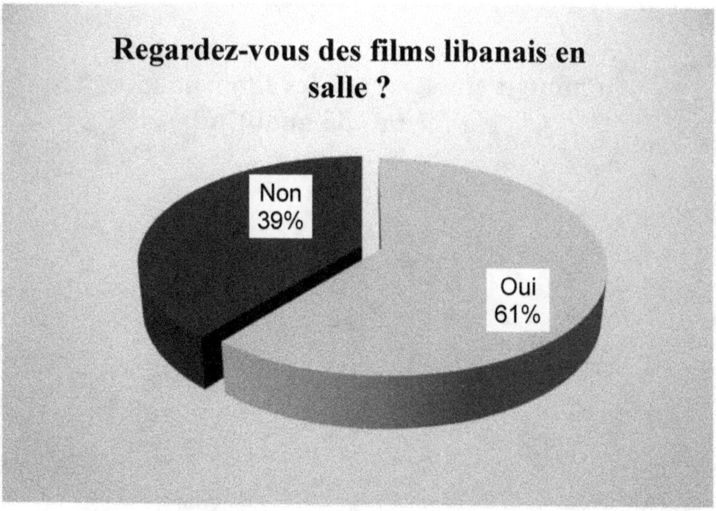

De plus, ils considèrent que les spectateurs actifs sont attachés aux films américains commerciaux et qu'il est difficile de les convaincre de consommer des films libanais. Toutefois, nos données prouvent que la majorité de la population libanaise consomme des films libanais. Le pourcentage étant impressionnant avec un taux de 61 %. Les films libanais ont donc un public et un marché spécifique. Cette étude est alors un indicateur important de la puissance du contenu local. Même si ce dernier est constamment critiqué par les cinéphiles, cela n'empêche pas sa haute consommation. D'après nos données, les actifs (assidus et réguliers) qui sont le plus exposés aux films internationaux de haute qualité, regardent tout de même des films nationaux. Ce changement prévoit plus de succès pour le cinéma libanais dans les années à venir.

De ce fait, il est intéressant d'étudier les opinions des spectateurs concernant la quantité et la qualité des films libanais sortis en salle, afin de décortiquer les problèmes liés à leur consommation. Naturellement, le spectateur libanais compare la qualité et la quantité des films à celles des films américains auxquels il est habituellement exposé, ou même à celles des films égyptiens, syriens et des séries turques. Leur niveau élevé de budget et d'exécution est toutefois, à ce jour, inatteignable par les cinéastes libanais. Toutefois, il peut être possible d'y arriver si nous arrivons à trouver des solutions concrètes qui rend ce système plus fort.

22. Classement des films libanais en termes de quantité

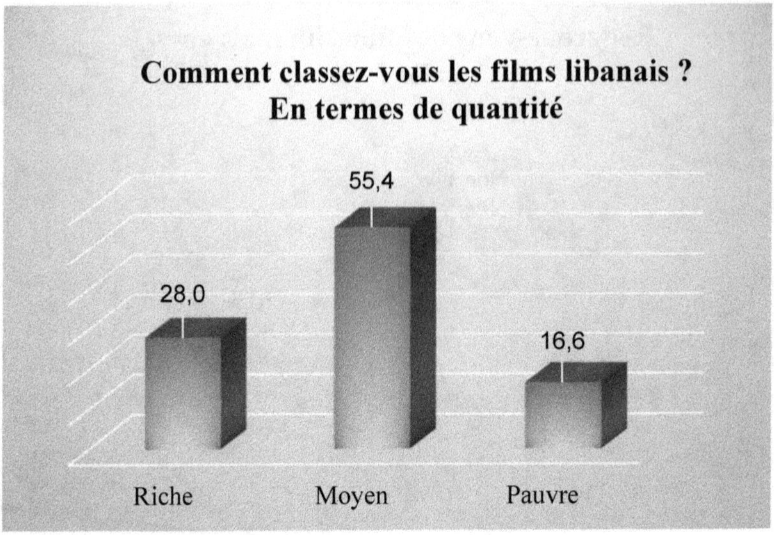

D'après le graphique ci-dessus, nous percevons que la majorité des spectateurs libanais considère que les films nationaux sont peu nombreux, ce qui freine leurs activités, car ils trouvent le catalogue de films libanais restreint en salle comparé aux films étrangers. Presque 55.4 % des spectateurs considèrent la quantité de films comme moyenne tandis que 16.6 % la considèrent pauvre. Uniquement 28 % pensent que ces derniers sont riches et qu'ils arrivent à trouver le genre de film qui les intéressent en salle. Nous y revenons ultérieurement, pour analyser la demande des spectateurs actifs de chaque région.

23. Classement des films libanais en termes de qualité

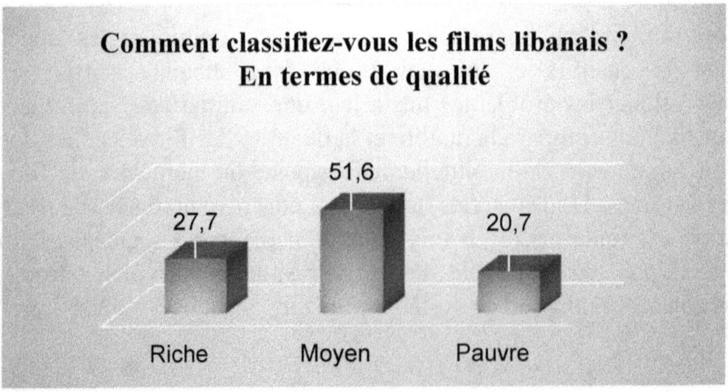

Étudions également la qualité des films libanais selon les spectateurs. La majorité des actifs ne sont pas satisfaits par la qualité des films. Selon nos résultats (cf.23), 51.6 % de la population les considèrent moyens et 20.7 % avouent qu'ils sont pauvres. Ainsi, uniquement 27.7 % apprécient la qualité des films libanais en salle. Ces différents chiffres sont donc corrélés aux différences culturelles et éducatives dans ce petit pays. Nous y revenons ultérieurement pour élaborer ce constat par région. Toutefois, il est important de noter que la majorité des spectateurs fréquentent tout de même les salles de cinéma sachant que, d'après eux, les films libanais sont moyens en qualité et quantité. Ceci explique le raisonnement suivant : la majorité regardent des films pour promouvoir le cinéma libanais, indépendamment du contenu. Un autre élément important : ceux qui trouvent les films pauvres en qualité et ceux qui les trouvent riches ont un pourcentage assez proche, avec une différence de 7 %. Ceci est clairement un indicateur de la classe sociale, de l'éducation et de l'accès facile à la culture. Au Liban, en 2018, la moitié du peuple se place dans la catégorie de la classe sociale moyenne.

24. Visionnage des films libanais en salle en fonction de leur quantité

Regardez-vous des films libanais en salle ?		Oui	Non	Total
Comment classez-vous les films libanais ? En termes de quantité	Riche	531	169	700
		75.9 %	24.1 %	100 %
	Moyen	855	531	1386
		61.7 %	38.3 %	100 %
	Pauvre	136	278	414
		32.9 %	67.1 %	100 %
Total		1522	978	2500
		60.9 %	39.1 %	100 %

Nous avons établi une analyse bivariée entre ceux qui regardent les films libanais en salles et leurs opinions envers le contenu. La plupart des spectateurs qui trouvent les films libanais riches en quantité consomment des films en salle à un taux de 75.9 %, taux élevé car ces derniers sont satisfaits du contenu. Toutefois, ceux qui considèrent les films libanais moyens les consomment tout de même à 61.7 %. Ainsi, il existe une forte demande pour ces films. Quant à ceux qui avouent que les films libanais sont pauvres, ils ne regardent pas ces films en salle et sont 67.1 %.

De ce fait, nous constatons que l'enrichissement du catalogue de films peut affecter la consommation des spectateurs. Toutefois, d'après nos données, 24.1 % des spectateurs qui trouvent les films riches en quantité ne les visionnent pas. Il est question d'habitude culturelle. Ils ne présentent aucun intérêt pour le cinéma national, d'où, à nouveau, l'importance de l'éducation. Nous avons déjà travaillé sur la question de l'éducation culturelle dans le chapitre 1.

25. Visionnage des films libanais en salle en fonction de leur qualité

Regardez-vous des films libanais en salle ?		Oui	Non	Total
Comment classez-vous les films libanais ? En termes de qualité	Riche	556	137	693
		80.2 %	19.8 %	100 %
	Moyen	807	483	1290
		62.6 %	37.4 %	100 %
	Pauvre	159	358	517
		30.8 %	69.2 %	100 %
Total		1522	978	2500
		60.9 %	39.1	100 %

En termes de qualité, nos études prouvent que ceux qui trouvent les films libanais riches les consomment en salle, avec un pourcentage élevé de 80.2 %. De même, ceux qui les trouvent moyens représentent 62.6 %. Ceci prouve que si le film a le minimum requis pour les attirer, les spectateurs sont prêts à se déplacer en salle pour encourager le cinéma libanais. Ceux qui avouent que les films sont pauvres préfèrent ne pas les consommer en salle (69.2 %). Ainsi, les producteurs libanais n'attirent pas une partie des spectateurs, qui trouvent les films pauvres et qui ne sont pas prêts à les regarder. D'après le public rencontré dans les cinémas, l'offre ne correspond pas à leur demande. À Sidon, il est requis d'avoir un catalogue plus riche de films libanais, à Tripoli également, quant à Dbayeh et Beyrouth, il est demandé d'avoir des films de qualité élevée et, finalement, au Bekaa, les spectateurs ne trouvent pas le cinéma populaire qui les intéresse. Nous y revenons plus tard.

Un autre point important est le fait qu'il existe deux opinions distinctes. Le premier groupe trouve que les films sont riches avec 80.2 % et le deuxième les trouve pauvres avec 69.2 %. La population qui regarde les films libanais de comédie de série B n'est pas celle qui est intéressée par les films de contenu riche. Il est question de travailler sur un contenu et une étude marketing qui puisse attirer le public.

2.1.4 La dominance des plateformes OTT et la consommation élevée

26. Taux de préférence de visionnage de films à domicile

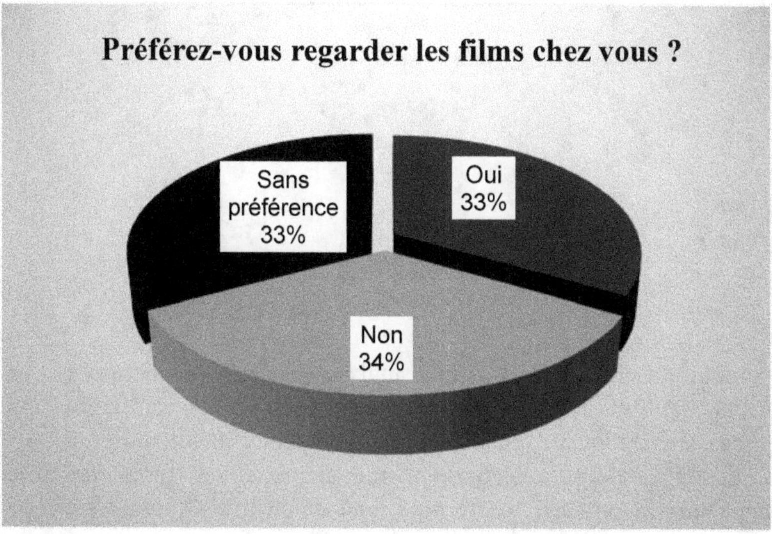

En ce qui concerne le « home movie », le graphique ci-dessus prouve que 1/3 des spectateurs préfère regarder les films chez eux, 1/3 aller au cinéma et 1/3 n'a pas de préférences. Il n'y a donc que 1/3 des spectateurs qui a une préférence pour les films en salle. Ce problème, qui touche les salles de cinéma à l'international, affecte également le Liban. De même pour les chaînes de télévision libanaise qui commencent à rediffuser tous leurs programmes sur internet, à la télévision en ligne.

Ce changement est lié au nombre élevé de spectateurs préférant consommer les films à domicile au lieu d'aller au cinéma. 66 % sont prêts à rester chez eux, ce qui est assez grave pour les salles de cinéma libanaises.

27. Médium préféré pour visionner un film à domicile

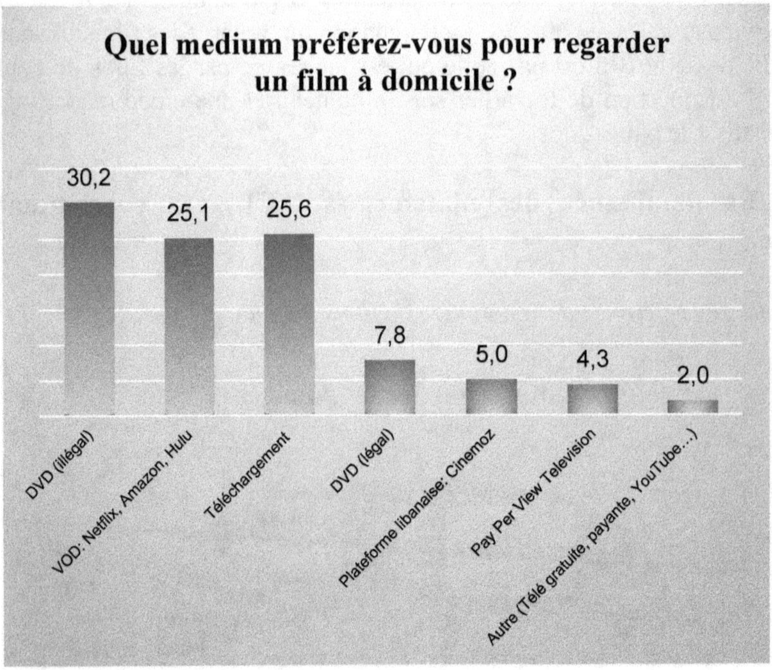

Le graphique ci-dessus offre une analyse détaillée des données : 30.2 % des spectateurs qui consomment des films à domicile préfèrent toujours acheter des films illégaux au Liban, ces derniers coûtant moins d'un euro. 25.6 % des spectateurs téléchargent illégalement des films sur internet. Rappelons que le piratage existe au Liban et qu'il n'est pas régulé par un système technique qui empêche le vol des films. Toutefois, les plateformes VOD Netflix, Amazon et Hulu ont une part de marché presque identique à celle du téléchargement illégal avec 25.1 %. Les chiffres baissent d'un seul coup après le téléchargement illégal et les plateformes VOD internationales. Ainsi, nous constatons que les plateformes sont devenues aussi importantes que le DVD et le téléchargement en une courte période. Ces dernières risquent de dominer le marché si l'intervention étatique ne s'effectue pas. De plus, les spectateurs qui achètent des DVD légaux sont de plus en plus rares, avec 7.8 %, tandis que les spectateurs qui regardent Cinemoz, la plateforme VOD libanaise, ne forment que 5 % du marché. D'où la nécessité de la faire revivre pour contribuer au moins à se protéger de l'invasion des plateformes internationales. Il faut noter que seulement 4.3 % des spectateurs payent pour regarder un film à la télévision en Pay Per View, car les Libanais n'ont pas l'habitude de payer pour consommer des films à la télévision. Enfin, le chiffre le plus faible est celui de la télévision gratuite, étant donné que la plupart des chaînes de télévisions libanaises diffusent rarement des films.

Ceci est prouvé par les chiffres de notre premier ouvrage. Le pourcentage est de 2 % pour la télévision gratuite, payante et pour YouTube. Il existe de nombreux moyens pour que les spectateurs libanais puissent consommer des films chez eux. Ainsi, offrir une expérience optimale et exceptionnelle de la salle de cinéma est très important pour attirer les spectateurs et les pousser à sortir en salle. La question de la classe sociale est essentielle, étant donné que la moitié de la population ne peut avoir accès aux films qu'à travers les DVD illégaux et le téléchargement illégal. Netflix, avec toute son ampleur, n'attire que 25.1 % de la population ce qui appuie le raisonnement de Ramiah : Netflix reste un luxe.

28. Médium préféré en fonction du taux de visionnage à domicile

Préférez-vous regarder les films chez vous ?		Oui	Non	Pas de préférence	Total
Quel médium préférez-vous pour regarder un film à domicile ?	DVD (illégal)	225	198	205	628
		35.8 %	31.5%	32.6 %	100 %
	VOD : Netflix, Amazon, Hulu	31	81	14	126
		24.6 %	64.3 %	11.1 %	100 %
	Téléchargement	47	38	22	107
		43.9 %	35.5%	20.6 %	100 %
	DVD (légal)	249	145	247	641
		38.8 %	22.6 %	38.5 %	100 %
	Plateforme libanaise : Cinemoz	67	70	57	194
		34.5 %	36.1 %	29.4 %	100 %
	Pay Per View Television	197	306	252	755
		26.1 %	40.5 %	33.4 %	100 %
	Autre (Télé gratuite, payante, YouTube…)	13	16	20	49
		26.5 %	32.7 %	40.8 %	100 %
Total		829	854	817	2500
		33.2 %	34.2 %	32.7 %	100 %

Un autre élément important à étudier est l'impact des chaînes de télévision sur le domaine du cinéma. Ces dernières ont un faible rôle au Liban dans le secteur cinématographique et nos études prouvent qu'elles n'attirent pratiquement pas les spectateurs libanais pour visionner des films. Des solutions doivent voir le jour, afin de changer la règle du jeu. Nous avons décidé d'effectuer une analyse corrélative, afin de comprendre la relation entre le « home movie » et les outils de consommation.

Les personnes qui préfèrent regarder des films chez elles sont davantage attirées par le téléchargement à 43.9 %, et par les DVD illégaux à 35.8 %. Elles recherchent l'expérience du cinéma à domicile. Celles qui ne préfèrent pas rester chez elles et consomment des films en salle sont les spectateurs adhérents de Netflix, Amazon, Hulu avec un pourcentage de 64.3 %, ce qui prouve encore une fois le raisonnement de Carly Ramiah, que ces plateformes sont un moyen de visionnage de films supplémentaire pour la classe des personnes aisées. C'est une offre différente de la salle de cinéma, qui ne peut pas être aujourd'hui consommée par la majorité de la population. Enfin, les spectateurs qui consomment des films à la télévision gratuite, payante, ou sur YouTube, n'ont pas de problème à consommer des films à domicile et/ou en salle et représentent 40.8 %. Le cinéma à domicile peut être un choix pour les Libanais. Il est considéré comme un médium moins cher que la sortie au cinéma, ceux qui téléchargent les films de manière illégale sont ceux qui achètent des films piratés.

Il est important de noter que parfois le choix n'existe pas, dans la mesure où tous les films sortis en festivals ne sont pas toujours projetés. Certaines personnes n'ont accès à ces derniers que par le biais du piratage (DVD illégaux ou téléchargement). Toutefois, l'émergence des plateformes VOD a baissé le recours à ce dernier comme nos données peuvent en attester. De plus, nos analyses précédentes sur l'implantation géographique des salles sont une raison supplémentaire qui encourage la consommation de films à domicile, certaines personnes n'ayant pas accès facilement aux salles de cinéma. En revanche, le piratage affecte les revenus des films en salle. Si les consommateurs ne sont pas prêts à aller au cinéma, cela peut être dû à des raisons économiques, d'où l'importance des offres sur les tickets de films dont nous parlons dans le dernier chapitre de ce travail.

2.1.5 L'analyse quantitative par sexe

Nous avons décidé d'étudier en profondeur les influences et les goûts des spectateurs par sexe, afin de mieux comprendre leurs habitudes et leurs consommations quand il s'agit de contenu.

29. La réception et le choix de films en fonction du sexe

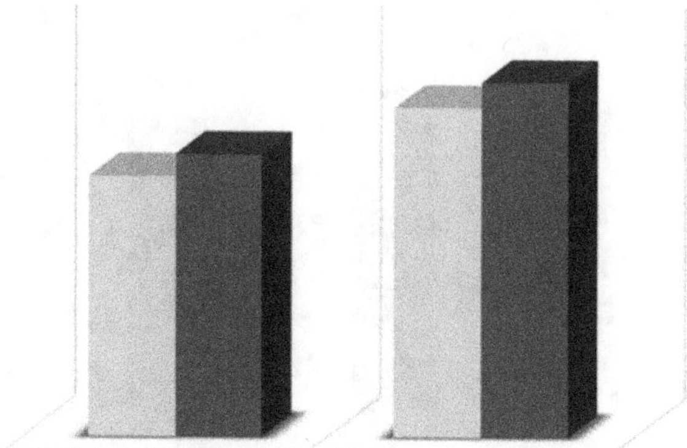

	Bande-annonce (réception)	Histoire (choix de film)
Homme	29,90%	37,90%
Femme	32,50%	40,90%

En effet, les hommes et les femmes partagent le même point de vue envers la réception de l'information. Les deux groupes sont davantage attirés par les bandes annonces avec 29.9 % et 32.50 % respectivement (cf.29). La femme est toutefois légèrement plus influencée par cet outil de marketing. Les autres données expliquent la raison derrière cette influence. En effet, quand il s'agit d'affiche, de site web, même d'application, les femmes sont celles qui sont le plus influencées par ces informations, avec une légère variation, vu que ces dernières sont plus attirées par les publicités et les médias au Liban. Toutefois, les deux groupes sont davantage influencés par l'histoire quand il faut choisir un film, avec 37.90 % pour les hommes et 40.9 % pour les femmes (cf.29).

Pour arriver à différencier leurs choix, nous nous focalisons sur d'autres éléments. Dans les catégories « producteur et star », ce sont les femmes qui sont le plus influencées par le côté glamour du cinéma. Quand il s'agit des catégories « réalisateur, genre et adaptations, » ce sont les hommes qui sont le plus attirés, ce qui indique que l'influence de base n'est pas la même. Ainsi, l'approche marketing doit également être différents vis-à-vis des hommes et des femmes.

30. Le visionnage et le classement des films libanais en salle en fonction du sexe

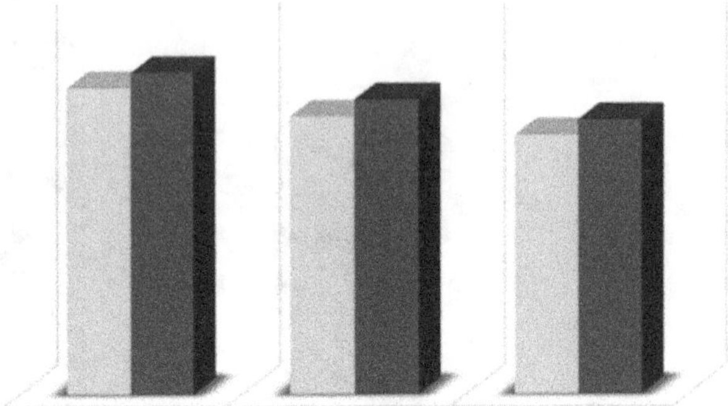

	Visionnage de films libanais en salle	Quantité moyenne de films	Qualité moyenne de films
Homme	59,30%	53,60%	50%
Femme	62,30%	57,00%	53%

En ce qui concerne les films libanais et leur consommation en salle, la majorité des hommes et des femmes semblent être intéressés par ces derniers, avec un intérêt supérieur du côté des femmes (cf.30), qui d'habitude aiment soutenir la culture libanaise. En effet, lors de notre enquête, plusieurs femmes nous ont déclaré que le cinéma libanais est une mission pour elles. Le fait d'encourager la culture et l'identité nationale est primordiale. Cette envie a été partagé avec nous à Dbayeh, Achrafieh, et Tannayel. L'analyse inverse le prouve également.

La majorité des hommes et des femmes pense que le cinéma libanais est moyen en quantité et en qualité avec respectivement 53.6 % et 57 % (cf.30). L'analyse inverse nous permet de constater aussi que la majorité qui pense que les films sont riches ou moyens sont des femmes et ceux qui trouvent le cinéma pauvre en quantité sont majoritairement des hommes, ce qui prouve notre constat. La femme libanaise est attachée à son identité culturelle et à l'encouragement du cinéma national. Elles ont aussi une influence sur le choix de l'homme quand il s'agit d'une sortie en couple. Nous élaborons ceci dans les graphiques suivants.

31. Le trajet et la fréquentation des salles en fonction du sexe

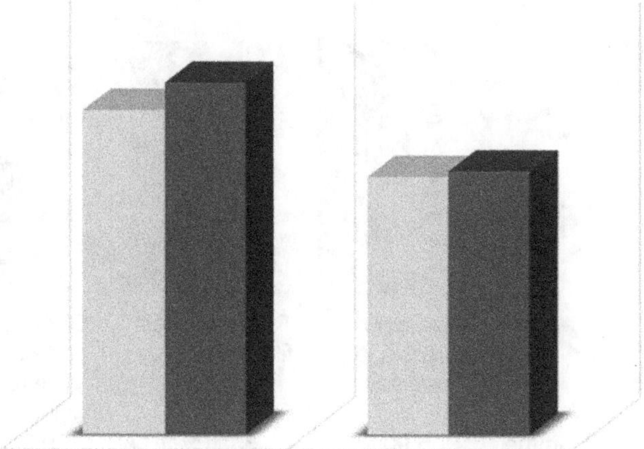

	Moins que 15 min (trajet)	1 fois par mois (fréquentation)
Homme	49,30%	39,20%
Femme	53,50%	40,10%

Les hommes et les femmes qui ont besoin de moins que 15 minutes pour aller à la salle la plus proche de chez eux forment respectivement 49.3 % et 53.50 % (cf.31). L'analyse inverse prouve que ceux qui ont besoin majoritairement de 15 minutes et 30 minutes sont les femmes, alors que ceux qui conduisent plus de 30 minutes pour aller au cinéma sont des hommes. En général, tous les deux vont au cinéma une fois par mois avec 39.2 % et 40 % pour les hommes et les femmes (cf.31) ; et l'analyse inverse nous permet de constater que ceux qui vont deux fois par semaine au cinéma sont majoritairement les hommes.

D'après nos sources, ces derniers effectuent un long trajet pour aller au cinéma avec leur famille. D'après le graphique ci-dessous, ils préfèrent regarder des films chez eux alors que les femmes préfèrent sortir (cf.32). L'analyse inverse le confirme encore une fois. Les femmes préfèrent regarder le plus les films en salle avec 35.1 % contre 33.1 % pour les hommes. Ce qui prouve que les femmes ont une influence sur la décision de se déplacer et sur la consommation de films en salle. S'ils décident de rester à domicile, les spectateurs consomment majoritairement des films en DVD piratés avec 29.3 % pour les hommes et 31 % pour les femmes (cf.32). L'analyse inverse nous permet de conclure ce qui suit : les femmes préfèrent la sortie en groupe avec la famille, quant aux hommes, même s'ils se déplacent, ils préfèrent consommer des films à domicile.

32. Le lieu et le médium préférés de visionnage de films en fonction du sexe

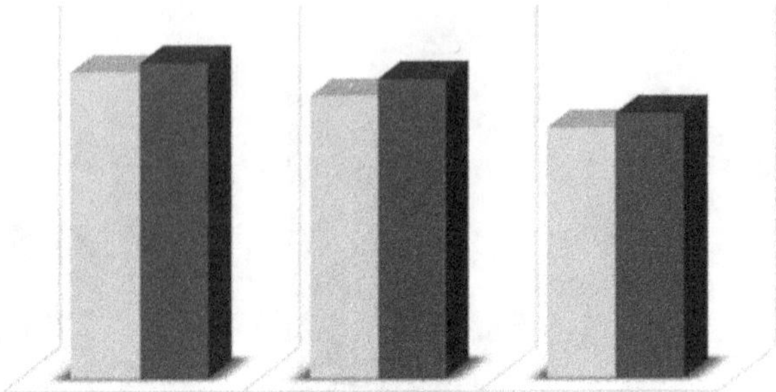

	Regarder des films à la maison	Regarder des films en salles	DVD illégal (Médium préféré de visionnage)
Homme	35,90%	33,10%	29,30%
Femme	37,00%	35,10%	31,00%

Le Liban est un pays arabe, considéré par l'Occident comme un pays en cours de développement, où la femme occupe un rôle important dans le choix des films regardés en salle. Lors de nos études de terrain, nous avons constaté que le film choisi dépend majoritairement de la femme, puis des enfants. Ce cas de figure est également démontré à Beyrouth, Dbayeh, Tripoli, Saida, et Taanayel. Ainsi, une étude marketing sur la femme et ses habitudes peut être une clef importante pour attirer les familles à consommer plus de films.

2.1.6 L'analyse quantitative par âge

Il nous a paru primordial d'effectuer une analyse de données par âge, afin de comprendre le comportement des spectateurs au cours des années. Les spectateurs sont influencés en majorité par les bandes annonces, le pourcentage le plus haut étant de 33.8 pour les 25 à 34 ans (cf.33). Ces derniers sont des utilisateurs premiers de « smartphones ».

De plus, la jeune génération est davantage influencée par l'histoire avec 46.4 % pour les moins de 15 ans (cf.33), d'où le pouvoir et l'importance d'avoir un contenu riche pour capter l'attention de la future génération. Pour élaborer davantage ce constat ajoutons que les spectateurs qui ont 25 ans et plus sont influencés par les stars, avec 37.9 % pour les 25 à 44, 41.4 % pour les 35 à 44 ans et 36.30 % pour les 45 à 54 ans (cf.33). Le terme « Star System » attire toujours les jeunes, en faisant un excellent outil marketing pour les pousser à regarder un film précis.

33. La réception et le choix de films en fonction de l'âge

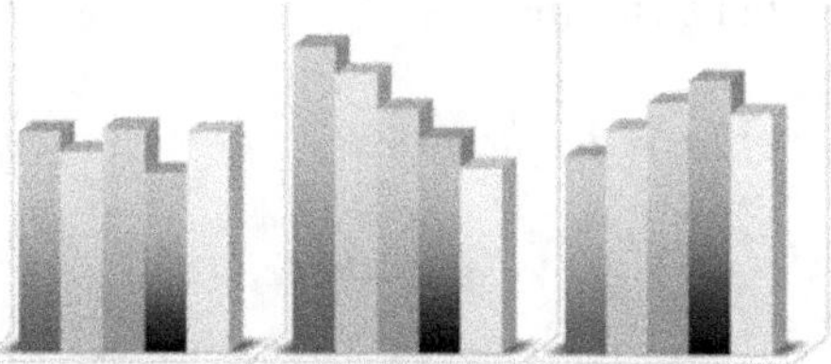

	Bande-annonce (réception)	Histoire (choix de film)	Stars (choix de film)
Moins de 15 ans	33,30%	46,40%	29,90%
15 à 24 ans	30,30%	42,20%	34,00%
25 à 34 ans	33,80%	36,80%	37,90%
35 à 44 ans	27,10%	32,50%	41,40%
45 à 54 ans	33,30%	28,00%	36,30%

34. Le visionnage et le classement des films libanais en salle en fonction de l'âge

	Visionnage de films libanais en salles	Quantité faible de films	Qualité faible de films
Moins de 15 ans	56,10%	48,70%	49,90%
15 à 24 ans	61,00%	60,90%	53,20%
25 à 34 ans	61,60%	51,90%	48,30%
35 à 44 ans	62,70%	50,30%	51,40%
45 à 54 ans	64,30%	53,60%	56,00%

Comme il est déjà mentionné, la plupart des spectateurs regardent des films libanais en salle. Le pourcentage est légèrement inférieur chez les moins de 15 ans avec 56.1 % (cf.34). La jeune génération est donc consommatrice de cinéma. La majorité pense que le cinéma libanais est moyen en quantité, notamment les 15 à 24 ans avec un pourcentage de 60.9 (cf.34). De même en ce qui concerne la qualité des films, dans la mesure où 53.20 % la considèrent moyenne (cf.34).

Ceci indique qu'il est primordial d'investir dans l'éducation culturelle dans les écoles et les lycées pour attirer davantage la jeune génération à consommer des films libanais en salle.

35. Le trajet et la fréquentation des salles en fonction de l'âge

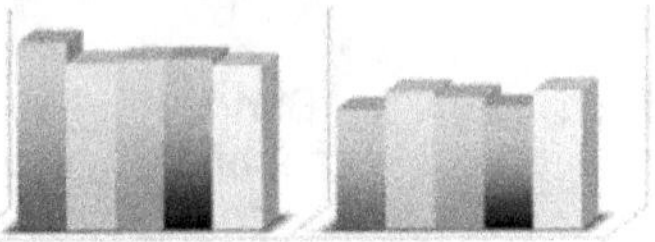

	15 min (Trajet)	1 fois par mois (fréquentation)
Moins de 15 ans	56,70%	36,20%
15 à 24 ans	50,40%	41,30%
25 à 34 ans	51,30%	39,70%
35 à 44 ans	51,40%	36,60%
45 à 54 ans	49,40%	41,70%

La plupart des spectateurs ont besoin de 15 minutes pour arriver à la salle la plus proche. Les chiffres atteignent leur apogée avec 56.7 % pour les moins de 15 ans (cf.35). Comme leurs parents les déposent à la salle, il est logique que ces derniers ne viennent pas de loin. De plus, un autre point important est le fait que la plupart de ces derniers vont une fois par mois au cinéma et les chiffres sont, encore une fois, proches avec 41.7 % pour les 45 à 54 ans. Ainsi, que la consommation de films décline avec l'âge au Liban. Le cinéma étant associé à une sortie, à l'effort de se déplacer, et rencontrer des gens pour partager avec eux une expérience neuve, il désintéresse la génération vieillissante.

Les opinions diffèrent quand il s'agit du « home movie » (cf.36). Il est important de noter que les moins de 15 ans préfèrent regarder des films en salle avec 40.7 %. Les 15 à 34 ans n'ont pas de préférence entre les deux options. Toutefois, les 35 à 44 ans préfèrent regarder des films chez eux avec 40.7 %, ce qui prouve notre raisonnement un peu plus haut.

36. Le lieu préféré de visionnage de films en fonction de l'âge

	Regarder des films à la maison	Regarder des films en salles	Pas de préférence
Moins de 15 ans	25,10%	40,70%	34,20%
15 à 24 ans	32,20%	32,00%	35,80%
25 à 34 ans	35,40%	30,00%	34,60%
35 à 44 ans	41,10%	37,00%	21,90%
45 à 54 ans	35,10%	44,00%	20,80%

37. Le médium préféré de visionnage de films en fonction de l'âge

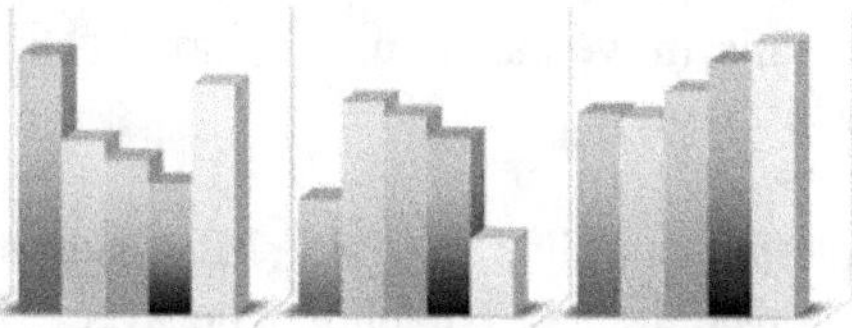

	Plateformes VOD	Téléchargement de films	DVD illégal
Moins de 15 ans	36,20%	16,20%	28,20%
15 à 24 ans	24,20%	29,90%	27,70%
25 à 34 ans	21,50%	27,80%	31,40%
35 à 44 ans	18,20%	24,70%	35,60%
45 à 54 ans	32,10%	10,70%	38,10%

D'après le graphique ci-dessus, les moins de 15 ans regardent majoritairement les plateformes VOD avec 36.20 %. Les 15 à 24 ans téléchargent les films avec 29.9 % et les 25 à 54 ans achètent des DVD illégaux (cf.37), ce qui prouve que la jeune génération, qui est la plus exposée à la technologie, devient consommatrice première de VOD. Ceci peut contribuer à de graves problèmes de consommation de films en salle.

2.1.7 L'analyse quantitative par région

Afin de comprendre le comportement des spectateurs libanais, il est important d'analyser les données par région, dans le but de pouvoir travailler ultérieurement sur des stratégies de développement spécifiques à chacune.

Saida – Grand Cinemas Saida Mall : Pour la région de Saida, Grand Cinemas, les spectateurs apprennent la sortie des films majoritairement par les biais des sites web avec 29.6 %, ensuite par la bande-annonce avec 27.4 %, par le bouche-à-oreille avec 23.8 %, les affiches avec 27.4 % et dernièrement par les applications avec un pourcentage limité de 4.6 %. En effet, comme ce cinéma attire des spectateurs des régions lointaines, la recherche en ligne est obligatoire pour qu'ils découvrent les films qui existent en salle, avant de se déplacer, d'où l'importance que ces dernières soient mises à jour. Les spectateurs de Saida sont davantage influencés par les acteurs avec 45.2 %, puis l'histoire avec 30 %, le genre avec 11.4 %, le réalisateur à 5 %, et enfin le producteur et les adaptations à 4.2 % pour les deux. Ainsi, d'après nos données, nous constatons que les « stars » de la télévision et l'histoire sont indicatrices du succès du film dans cette région. Notons que la majorité de ces spectateurs consomment des films libanais à 66 % en salle. 51.2 % d'entre eux trouvent la quantité de films moyenne. Pour la plupart, elle est riche (37.4 %) et pour la minorité elle est pauvre (11.4 %).

Pour la qualité des films, la moitié la considère moyenne avec 48 %. Certains spectateurs considèrent le contenu riche avec 37.8 % et d'autres pauvre avec 14.2 %. Certains spectateurs de cette région sont donc intéressés par les films libanais, mais la majorité les trouvent toujours moyens, d'où l'importance de proposer un contenu plus diversifié. Cela peut être aussi dû au simple fait que la salle de cinéma est restreinte et que le catalogue n'est pas assez riche. Nous observons que 49 % d'entre eux ont besoin de 15 minutes pour arriver à la salle la plus proche de chez eux, 38.4 % ont besoin de 30 minutes et 12.6 % ont besoin de plus de 30 minutes. Ces derniers viennent probablement de Tyr où il n'y a pas de salle de cinéma commerciale. 45.2 % d'entre eux y vont une fois par mois pour regarder un film, 16.6 % y vont une fois par semaine, 18.6 % y vont cinq fois par an et seul 9.6 % y vont 2 fois par semaine, ce qui prouve qu'ils sont des spectateurs réguliers. Toutefois, la majorité des spectateurs de Saida (37.6 %) préfère regarder les films chez eux. 32.4 % préfèrent la sortie en salle et 30 % n'ont pas de problème à alterner entre les deux. Ainsi, il est important de créer de nouveaux moyens pour attirer cette région. Une salle un peu plus grande qui offre plus de films et qui attire les spectateurs lointains, car elle représente une sortie, peut être une solution.

Parmi ceux qui regardent les films chez eux, 29.2 % les téléchargent, 28.6 % les achètent illégalement, 17 % regardent les films sur les plateformes VOD internationales, 6.8 % achètent les films en Pay Per View, 6 % les visionnent sur Cinemoz et uniquement 3 % les regardent à la télévision gratuite, payante ou sur YouTube. La dominance de Netflix est toujours inférieure aux modes traditionnels de visionnage, du simple fait que le pouvoir d'achat est inférieur à celui de la ville. Enfin, à Saida, 55 % de femmes et 45 % d'hommes ont répondu aux questionnaires. Parmi ces derniers, 55 % ont entre 25 et 24 ans, 21 % entre 25 et 34 ans, 14.6 % ont moins de 15 ans, 5.2 % ont 35 à 44 ans et 4.2 % ont entre 45 et 54 ans.

Tripoli – Planète City Complex : 31 % des spectateurs apprennent la sortie des films grâce aux bandes annonces, 23 % grâce à leur entourage et le bouche-à-oreille, 22.6 % par le biais des sites web, 20.6 % par les affiches et uniquement 2.8 % par les applications mobiles. La chaîne de télévision constitue toujours un outil de marketing important dans cette région. Les bandes annonces pour le cinéma libanais doivent augmenter pour attirer plus de spectateurs. Les « stars » influencent les spectateurs de Tripoli avec un taux de 50.2 %, viennent ensuite l'histoire avec 28.2 %, la production et la réalisation avec un pourcentage égal de 7.4 %, le genre avec 6.2 % et uniquement 0.6 % pour les adaptations.

Ainsi, à Tripoli, tout comme à Saida, les « stars » de la télévision attirent la population. C'est une clef marketing importante pour augmenter la consommation. L'alliance entre la télévision et le cinéma est de plus en plus nécessaire. Bien plus, la majorité des spectateurs de Tripoli sont consommateurs de films libanais à 66.2 %, ils considèrent le cinéma libanais moyen en quantité à 51.6 %. Plus précisément, 29.6 % d'entre eux le considèrent riche et 18.8 % le considèrent pauvre. Quant à la qualité des films, 48 % des spectateurs de Tripoli considèrent les films libanais moyens, 31.8 % les estiment riches et 20.2 % pauvres. La ville de Tripoli forme un marché important pour le cinéma au Liban. Offrir des films de qualité et de quantité légèrement meilleure peut attirer cette large population. La plupart des spectateurs de Tripoli qui vont au cinéma sont ceux qui habitent le plus proche. 55.8 % ont besoin de moins de 15 minutes pour arriver à la salle, 30.4 % de 30 minutes approximativement et 13.8 % de plus que 30 minutes. Ainsi, il est nécessaire d'implanter de nouvelles salles pour attirer les spectateurs, d'autant plus que ces derniers sont des assidus. La majorité, soit 35 %, vont une fois par semaine au cinéma. 28.2 % y vont une fois par mois, 20.2 % deux fois par semaine, et 16.6 % cinq fois par an.

39.6 % des spectateurs préfèrent regarder les films chez eux. 33 % d'entre eux aiment bien sortir pour regarder des films en salle et 27.4 % n'ont pas de problème à alterner entre les deux, d'où la nécessité d'attirer les spectateurs dans les salles. Une opportunité de marché semble être présente dans cette région. Une salle de cinéma populaire peut attirer le grand public de Tripoli.

Parmi les spectateurs, 32.2 % téléchargent les films, 16.8 % les achètent illégalement, 14.2 % regardent les films sur des plateformes VOD internationales, 9.4 % les visionnent sur Cinemoz, 4.8 % payent pour regarder des films à la télévision en Pay Per View et uniquement 2.8 % regardent les films à la télévision gratuite, payante ou sur YouTube. Comme le pouvoir d'achat est faible dans cette région, en comparaison aux autres régions du Liban, la plupart achète des films illégalement, ou les télécharge. Il est primordial d'offrir des billets de cinéma à prix réduit, surtout que la jeune génération est la plus active. Les spectateurs de Tripoli qui ont rempli les questionnaires sont composés à 51.6 % de femmes et à 48.4 % d'hommes. Parmi ces derniers, 37.8 % ont entre 15 et 24 ans, 22.6 % entre 25 et 34 ans, 19.2 % entre 35 et 44 ans, 17 % moins de 15 ans et 3.4 % entre 45 et 45 ans.

Dbayeh – Grand Cinemas Abc Dbayeh : 30.8 % de ses spectateurs apprennent la sortie d'un film grâce au site web, 29.2 % grâce aux bandes annonces, 23.8 % par le bouche-à-oreille, 12 % grâce aux affiches et uniquement 4.2 % par le biais des applications. D'après les spectateurs, le site web est essentiel pour découvrir les films, toutefois, ce dernier est rarement mis à jour. La majorité de ces spectateurs sont influencés par l'histoire du film avec 48.6 %, ensuite par les stars avec 25.8 %, le genre avec 13.6 %, le réalisateur avec 8 % et le producteur avec 3.8 %. Un pourcentage très minime de 0.2 % représente un intérêt pour les adaptations.

Contrairement à ce que les exploitants en salle peuvent croire, les spectateurs cherchent constamment un contenu original et local. La plupart d'eux regardent des films libanais avec un pourcentage élevé de 61.6. 56.2 % des spectateurs considèrent ces films moyens en quantité, 30.6 % riches et 13.2 % pauvres. Quant à la qualité, 51.6 % considèrent les films libanais moyens, 30.4 % riches et 18 % pauvres. 42.6 % des spectateurs de cette région ont besoin de moins de 15 minutes pour arriver à la salle, 37 % de 30 minutes et 20.4 % de plus de 30 minutes. Ces données nous ont permis de remarquer que dans les régions lointaines (Matn et Keserwan), il n'existe pas de salles de cinéma. D'après certains spectateurs, ils se considèrent comme spectateurs occasionnels, parce qu'il n'existe pas de cinéma dans leur région et que le cinéma à Dbayeh est assez éloigné.

La majorité va au cinéma une fois par mois à 39.8 %. 30.2 % y vont une fois par semaine, 15.6 %, 5 fois par ans et 14.4 %, 2 fois par semaine. Les chiffres relatifs aux spectateurs assidus et aux occasionnels sont proches. Les spectateurs de Dbayeh n'ont pas de préférence entre regarder des films à domicile ou en salle. Il s'agit de 35.4 %. Toutefois, les chiffres sont presque identiques pour ceux qui préfèrent le cinéma à domicile (32.6 %) et ceux qui vont en salle (32 %). En général ceux qui regardent les films chez eux les téléchargent avec un pourcentage de 33.8 %. Une grande partie achète des DVD illégaux, soit 31.8 % d'entre eux. Certains regardent les films sur les plateformes VOD avec 21.4 %, une partie restreinte consomme les films sur Cinemoz avec 6 %, quelques-uns les achètent en Pay Per View (3.8 %) ou les regardent à la télévision gratuite, payante ou sur YouTube avec 2.8 % uniquement. Les spectateurs de Grand Cinemas ne sont pas des assidus. En effet, la consommation à la maison est assez importante en comparaison avec la consommation en salle. Un autre point important est le fait qu'il n'existe que des multiplexes dans les centres commerciaux de cette région. Ces spectateurs sont composés de 52.4 % de femmes et 47.6 % d'hommes. Parmi ces derniers, 45.4 % sont des jeunes de 15 à 24 ans, 24.4 % des adultes de 25 à 34 ans, 13.2 % des adolescents de moins de 15 ans, 12.2 % ont entre 35 et 44 ans et seulement 4.8 % ont entre 45 et 54 ans.

Taanayel – Empire Cascada Mall : Au Bekaa, le Cascada Mall, Empire, à 2h de Beyrouth, est également une salle de cinéma de luxe qui attire une population restreinte et enregistre environ 100 entrées par jour. Ses spectateurs reçoivent l'information grâce aux bandes annonces avec 31.4 %, le bouche-à-oreille avec 26.2 %, les sites web avec 23.6 %, les affiches avec 13.6 % et en dernier lieu grâce aux applications avec 5.2 %. Le bouche-à-oreille est important dans cette région. Les offres de cinéma pour les familles peuvent former une stratégie efficace. La majorité de leurs spectateurs est influencée par l'histoire avec 44.6 %, ensuite par les stars avec 23.8 %, puis par le genre avec 18.4 %, les adaptations avec 5.6 % et enfin, par le producteur avec 2.6 %. D'après certains spectateurs, les films locaux les intéressent autant que les films internationaux.

Dans cette région montagnarde, les adultes sont des consommateurs premiers de télévision, et cherchent un contenu différent en salle. Ils regardent majoritairement les films libanais avec 55.6 %. Ils considèrent la quantité de ces films comme moyenne avec 59.6 %. Certains la trouvent riche avec 20.2 % tandis que d'autres avouent qu'elle est pauvre, au même pourcentage. Quant à la qualité des films, la majorité la considère moyenne avec 54.8 %, riche avec 20.8 % et pauvre avec 24.4 %. 59 % des spectateurs ont besoin de moins de 15 minutes pour arriver à la salle, 32.6 % de 30 minutes et 8.4 % de plus de 30 minutes. Ceci prouve que la majorité des spectateurs qui va à cette salle habite proche de cette dernière. Le cinéma attire rarement ceux qui habitent loin.

Les spectateurs de Cascada vont une fois par mois au cinéma avec 45 %, d'autres 1 fois par semaine avec 32.2 %, 5 fois par an avec 13 % et deux fois par semaine avec 9.8 %. Ils ne préfèrent pas regarder les films chez eux. Ils aiment la sortie en salle. Les chiffres le prouvent avec 25.4 % pour ceux qui aiment sortir, 30.6 % pour ceux qui n'ont pas de préférence et 30.6 % qui consomment les films à domicile. Évidemment, la salle est considérée comme une sortie. Parmi ceux qui restent chez eux, 37 % regardent les films sur DVD illégal, 31.6 % sur les plateformes VOD internationales, 22.6 % les téléchargent. 3.4 % les achètent en Pay Per View, 2.6 % les visionnent sur Cinemoz et uniquement 1 % les regarde à la télévision ou sur YouTube. À Taanayel 50.2 % des spectateurs qui ont rempli les questionnaires sont des hommes et 49.8 % des femmes. 48.4 % ont 15 à 24 ans, 23 % 25 à 34 ans, 10.8 % moins de 15 ans, 9.4 % 35 à 44 ans et 8.4 % 45 ans à 54 ans. Le pourcentage relatif à la jeune génération qui va en salle est élevé, d'où l'importance de faire une étude du profil des jeunes, afin de les pousser à regarder plus de films en salle. Ces derniers peuvent amener leurs familles avec eux pendant le week-end.

Beyrouth – Cinemacity Beirut Souks : À Beyrouth, 37.6 % des spectateurs restent informés grâce aux bandes annonces. Le reste apprend la sortie des films par le bouche-à-oreille (21.8 %), 18 % par le site web, 11.8 % par les affiches, et 10 % par les applications. Majoritairement, ils sont influencés par l'histoire du film à 46.2 %, ensuite par les stars à 31.6 %, le genre à 9.2 %, le réalisateur à 6.6 %, les adaptations à 3.8 % et enfin par les producteurs à 2.6 %. À Beyrouth, le genre est un élément important pour choisir le film à regarder. Toutefois, le cinéma libanais n'offre pas toujours une riche palette.

Les spectateurs de ce cinéma regardent les films nationaux en salle avec un pourcentage de 55 %. Parmi eux, 55.6 % trouvent qu'ils sont moyens en quantité, 22 % qu'ils sont riches et 19.2 % qu'ils sont pauvres. Quant à la qualité des films, 55.6 % les trouvent moyens, 26.6 % pauvres et 17.8 % riches. Ils ont besoin majoritairement de moins de 15 minutes pour arriver au cinéma avec un pourcentage de 51.4 %, 42.2 % de 30 minutes et 6.4 % de plus que 30 minutes. Comme les salles de ce cinéma offrent un espace moderne et une technologie avancée, elles attirent des spectateurs de différentes régions. En général, les spectateurs vont une fois par semaine en salle avec 42 %, certains 1 fois par mois avec 40.2 %, 5 fois par an avec 9.4 % et 2 fois par semaine avec 8.4 %. Parmi les spectateurs de ce cinéma, 38 % ne préfèrent pas regarder les films chez eux, 26.6 % n'ont pas de de préférence et 25.4 % préfèrent la sortie cinéma. Les spectateurs de cette salle sont des assidus, et vont au cinéma pour profiter de l'expérience offerte.

Ceux qui visionnent des films chez eux utilisent les plateformes VOD à 41.4 %, les DVD illégaux à 36.8 %, les films téléchargés par internet à 10.4 %, les films achetés légalement à 7.4 %, le Pay Per View à 2.6 %, Cinemoz à 1.2 % tandis qu'uniquement 0.2 % d'entre eux regarde les films à la télévision gratuite, payante ou sur YouTube. Dans la capitale, comme le pouvoir d'achat des habitants est plus élevé que dans les autres régions, la consommation VOD est élevée par rapport aux autres régions. Toutefois, elle ne remplace pas l'expérience en salle pour les consommateurs de Beyrouth. Les spectateurs de ce cinéma sont formés de 58 % de femmes et 42 % d'hommes. 39.8 % sont des jeunes entre 15 et 24 ans, 20.4 % sont des adultes entre 25 à 34 ans, 14.6 % des adolescents de moins de 15 ans, 12.8 % ont entre 45 et 54 ans et 12.4 % entre 35 et 44 ans.

2.1.8 L'analyse inversée des données

Après une analyse descriptive, et une analyse bivariée, il nous a paru judicieux de faire une analyse inversée pour étudier les données en profondeur. Les spectateurs, qui apprennent la sortie d'un film par le bouche-à-oreille, se trouvent en majorité à Taanayel avec 22.1 %, étant une région montagnarde attachée aux coutumes. Ceux qui sont influencés par les bandes-annonces sont à Beyrouth avec 24 %, ayant un meilleur accès à la technologie. Quant à l'affiche, il s'agit de 28.4 % pour Tripoli, population encore imprégnée de certaines habitudes traditionnelles. Enfin, pour les sites web à Dbayeh avec 24.7 %, puisqu'ils sont considérés comme permettant l'accès le plus rapide pour la jeune génération. De manière générale, les spectateurs en ville ont tendance à utiliser davantage la technologie.

De plus, le producteur du film a une plus grande influence à Tripoli avec 35.9 %. De même pour la réalisation et les stars avec respectivement, 3.1 % et 28.4 %. Les studios attirent toujours les spectateurs dans cette région. L'histoire a un impact à Dbayeh avec 24.6 %, d'autant plus que ses spectateurs sont intéressés par un contenu riche, comme cela a été mentionné précédemment, dans la mesure où ils soient exposés à une culture internationale. À Taanayel, le genre et les adaptations ont le plus d'impact avec, respectivement, 31.3 % et 38.9 %. Les spectateurs qui regardent le plus de films libanais sont à Saida et Tripoli avec 21.7 % pour chaque cinéma. Ces derniers sont attachés aux normes et habitudes libanaises et apprécient le cinéma national, comme nous avons pu l'expliquer auparavant.

Les spectateurs qui considèrent le cinéma libanais riche en quantité sont à Saida avec 26.7 %, moyen et pauvre à Taanayel avec respectivement, 21.5 % et 24.4 %. Ainsi, s'ils demandent plus de films, c'est qu'ils n'ont pas trouvé dans le catalogue proposé des films qui correspondent à leur demande.

Quant à la qualité des films libanais, ceux qui la considèrent la plus riche sont à Saida avec 27.3 %, et la plus pauvre, à Beyrouth, avec respectivement 25.7 %. La classe sociale et l'accès facile à la culture étrangère causent ces divergences d'opinions que nous avons évoquées précédemment.

Ceux qui habitent le plus proche de la salle sont à Taanayel avec 22.9 %, ceux qui ont besoin de 30 minutes approximativement sont à Beyrouth avec 23.4 % et ceux qui ont besoin de plus que 30 minutes à Dbayeh avec 33.1 %. Les spectateurs de Taanayel ne sont toujours pas prêts à se déplacer pour aller en salle. Quant à Beyrouth et Dbayeh, ils arrivent à attirer les spectateurs des villes lointaines. Rappelons que les spectateurs les plus actifs se trouvent à Tripoli avec 32.4 %. Ces derniers vont deux fois par semaine au cinéma alors qu'il n'existe qu'un seul cinéma dans leur ville.

Ceux qui y vont une fois par semaine sont à Beyrouth. Quant à ceux qui y vont une fois par mois et 5 fois par an sont ceux de Saida. Il existe des spectateurs occasionnels dans cette région. Les stratégies d'abonnement à petit prix peuvent être une solution pour les attirer davantage. Les spectateurs, qui préfèrent regarder des films chez eux, sont à Tripoli avec 23.9 %. Le pourcentage de spectateurs le plus élevé qui ne préfèrent pas regarder des films chez eux et qui n'ont pas de problème à sortir en salle est celui de Beyrouth avec, respectivement, 22.2 % et 22.4 %, le pouvoir d'achat étant différent. L'analyse inversée des données prouve notre raisonnement et les analyses de données précédentes.

Les spectateurs qui consomment le plus de films à domicile à travers les plateformes VOD internationales sont à Beyrouth avec 33 %. Ceux qui regardent les films sur Cinemoz se trouvent majoritairement à Tripoli avec 37.3 %. Les chiffres étant proches, la demande semble être quasiment la même. Toutefois, Cinemoz est gratuite. Le Pay Per View est le plus élevé à Saida, le téléchargement illégal à Dabyeh, le DVD légal à Tripoli, à 51 %, taux élevé, ce qui montre une forte culture cinématographique chez les spectateurs de cette région. Ceux qui achètent les films en DVD illégaux sont majoritairement à Taanayel avec 24.5 %. Quant à ceux qui regardent la télévision gratuite, payante, ou sur YouTube, ils sont majoritairement à Saida avec 30.6 %. Le nombre le plus élevé d'hommes se trouve au cinéma de Taanayel, et de femmes à Beyrouth, avec respectivement 21.5 % et 21.7 %. Ce fait s'explique par les différents modes de vie : à Tannayel, l'homme détient le pouvoir, alors qu'à Beyrouth, la femme est plus indépendante.

Enfin, les jeunes de moins de 15 ans se trouvent à Tripoli avec 24 %. Les 15 à 24 ans à Saida avec 24.3 %. Les 25 à 44 ans à Tripoli avec 23.9 %, les 45 à 54 ans à Beyrouth avec 38.1 %.

Dans les régions montagnardes, les adultes, en particulier les personnes âgées, ne sont pas habitués à regarder les films en salle. Il est donc important de se concentrer sur la jeune génération dans le but d'attirer les plus vieux.

Pour conclure, l'analyse quantitative des spectateurs actifs dans les cinq régions du Liban : Saida, Tripoli, Dbayeh, Taanayel et Beyrouth, nous a permis de comprendre le comportement des spectateurs face aux outils marketing, à l'emplacement des salles, à leurs avis sur le cinéma libanais et sur le cinéma à domicile. Nous passons donc à la seconde étude quantitative sur les spectateurs qui vont moins de cinq fois par an au cinéma, catégorie rassemblant les passifs, soit, les occasionnels et les inactifs.

2.2 L'étude quantitative sur les spectateurs passifs

Sur une population de 4.5 millions d'habitants, 1 million vont au cinéma. Environ 3 millions de tickets sont vendus chaque année et le chiffre maximal qu'un film libanais au box-office peut atteindre est de 325 000 entrées (à ce jour). Le but de cette recherche est de déterminer les raisons expliquant la passivité des spectateurs qui vont moins de 5 fois au cinéma (occasionnels et inactifs) et qui les empêche de consommer des films libanais, américains ou autres. Cette étude nous a permis de proposer des solutions pour encourager les inactifs à aller au cinéma et d'en évaluer les résultats. Nous avons suivi les mêmes lieux. Les personnes interviewées étant assises dans des cafés / restaurants à cinq minutes d'une salle de cinéma. Il est important de mentionner que nous différencions les spectateurs actifs et les spectateurs passifs. Mais aussi les spectateurs occasionnels des non-spectateurs. Les occasionnels sont ceux qui vont moins de cinq fois au cinéma et les non-spectateurs sont ceux qui ne vont presque jamais au cinéma.

38. Distribution des 2000 participants par territoire (graphe)

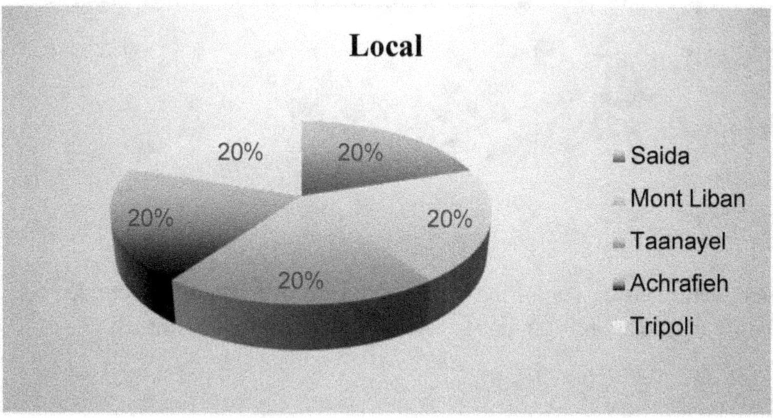

39. Distribution des 2000 participants par territoire (tableau)

Subdivision Territoriale	**Participants**
Beyrouth	400
Dbayeh	400
Tripoli	400
Beqaa	400
Saida	400
Liban	2000

40. Taux de participation par sexe (des spectateurs passifs)

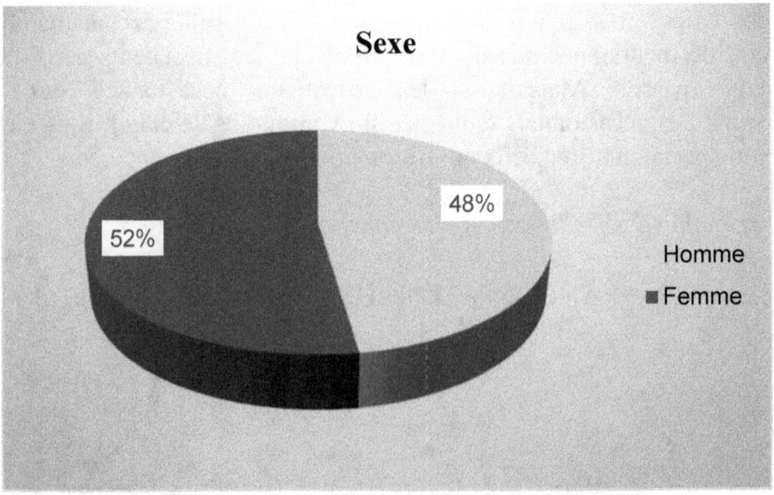

Dans cette étude quantitative, le nombre d'hommes et de femmes est presque égal. Il s'agit de 48 % d'hommes et 52 % de femmes.

41. Taux de participation par âge (des spectateurs passifs)

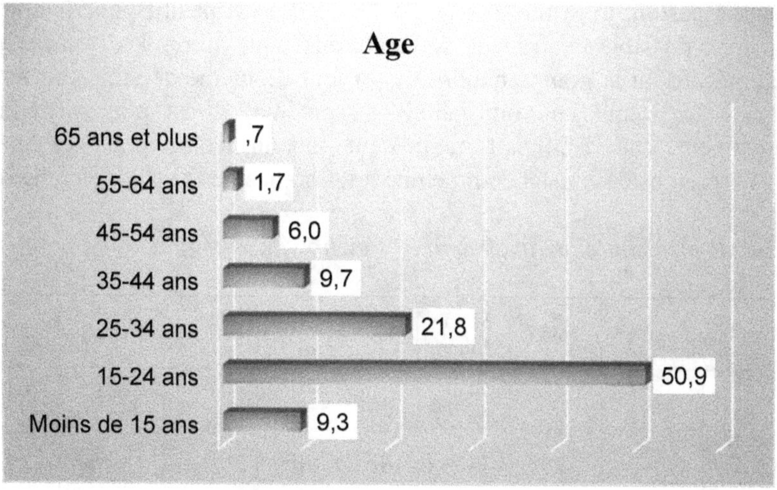

Quant à l'âge, la majorité des non actifs sont des jeunes entre 15 et 24 ans à un pourcentage de 50.9 %, la tranche d'âge des 25 à 34 ans représente 21.8 %, les moins de 15 ans représentent 9.3 %. Ces chiffres indiquent que la plupart des occasionnels / inactifs sont jeunes et qu'il est nécessaire de travailler sur de nouveaux moyens pour attirer cette nouvelle génération.

2.2.1 La mesure de fréquentation du cinéma par an

42. Taux de fréquentation du cinéma (des spectateurs passifs)

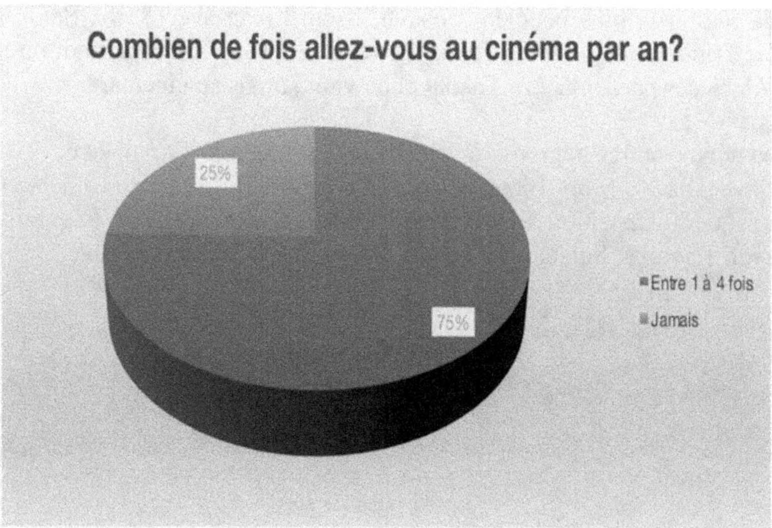

D'après nos données, la majorité des non actifs vont au cinéma une à quatre fois par an, avec un taux de 75 %, ce qui est positif pour le cinéma. Ainsi, il est possible de trouver des solutions pour attirer les occasionnels, dans la mesure où la grande majorité y va tout de même de temps en temps. Quant aux 25 % qui ne vont jamais au cinéma, il est plus difficile de les convaincre, car la plupart ne présente aucun intérêt pour le cinéma. Nous interprétons ce constat comme une « ignorance de la valeur du cinéma ».

43. Taux de fréquentation du cinéma en fonction de la région

Emplacement		Saida	Mont-Liban	Taanayel	Achrafieh	Tripoli	Total
Combien de fois allez-vous au cinéma par an ?	1 à 4 fois	312	328	249	339	273	1501
		78 %	82 %	62.3 %	84.8 %	68.3 %	75.1 %
	Jamais	88	72	151	61	127	499
		22 %	18 %	37.8 %	15.3 %	31.8 %	25 %
Total		400	400	400	400	400	2000
		100 %	100 %	100 %	100 %	100 %	100 %

Parmi les personnes qui vont au cinéma une à quatre fois par an, nous notons que le chiffre le plus élevé est à Achrafieh avec 84.8 %, et que c'est la région la plus peuplée. Ensuite, Mont-Liban avec 82 %, Saida avec 78.8 %, Tripoli avec 68 % et Taanayel avec 62.3 %. Il est important de noter que 37.8 % des participants à Taanayel ne vont jamais au cinéma.

Quant aux autres régions, le chiffre est inférieur : Tripoli avec 31.8 %, Saida avec 22 %, Mont-Liban avec 18 % et Achrafieh avec 15.3 %. Ceci indique que l'exposition à la culture cinématographique est très faible à Taanayel, Tripoli et Saida, d'où la nécessité d'une réforme éducative.

44. Taux de fréquentation du cinéma en fonction du sexe

Quel est votre sexe ?		Homme	Femme	Total
Combien de fois allez-vous au cinéma par an ?	1 à 4 fois	707	794	1501
		74.2 %	75.8 %	75.1 %
	Jamais	246	253	499
		25.8 %	24.2 %	25.0 %
Total		953	1047	2000
		100 %	100 %	100 %

D'après le tableau ci-dessus, les hommes et les femmes présentent un pourcentage presque égal de la fréquentation des salles, avec 74.2 % pour les hommes et 75.8 % pour les femmes. Ainsi, d'après nos résultats, le sexe ne semble pas être un indicateur de la consommation de films au Liban.

45. Taux de fréquentation du cinéma en fonction de l'âge

Quel âge avez-vous ?		Moins de 15 ans	15-24 ans	25-34 ans	35-44 ans	45 ans et plus	Total
Combien de fois allez-vous au cinéma par an ?	1 à 4 fois	162	810	308	125	96	1501
		87.1 %	79.6 %	70.6 %	64.4 %	57.5 %	75.1%
	Jamais	24	207	128	69	71	499
		12.9 %	20.4 %	29.4 %	35.6 %	42.5 %	25 %
Total		186	1017	436	194	167	2000
		100 %	100 %	100 %	100 %	100 %	100 %

Parmi les jeunes, précisément les moins de 15 ans, 87.1 % vont entre une et quatre fois par an au cinéma. Uniquement 12.9 % n'y vont presque jamais, ce qui indique que la plupart d'entre eux sont des spectateurs occasionnels. Toutefois, 79.6 %de ceux de 15 à 24 ans vont majoritairement une à quatre fois au cinéma, un pourcentage légèrement inférieur. De même pour les autres catégories avec 70.6 % pour les 25 à 34 ans, 64.4 % pour les 35 à 44 ans et 57.5 % pour les 45 ans et plus. Ainsi, le chiffre baisse en fonction de l'âge.

Le pourcentage le plus élevé des personnes qui ne vont pas au cinéma est celui des 45 ans et le pourcentage le moins important est celui des adolescents avec 12.9 %. Ceci montre un intérêt positif envers le cinéma de la part de la jeune génération comparée à la génération de leurs parents. Nous rappelons que les adultes ont été exposés à la guerre pendant de longues années et ont été des consommateurs de télévision beaucoup plus que de cinéma.

2.2.2 Les causes qui freinent la consommation de films par les passifs

Afin d'analyser la situation, il est primordial de comprendre les causes qui empêchent les occasionnels et les inactifs de consommer des films en salle. Parmi ces derniers, 39 % ne vont pas au cinéma car le catalogue des films en salle ne répond pas à leur demande, 25.2 % considèrent la salle de cinéma comme un endroit clos et sombre, et 22.6 % voudraient bien aller au cinéma mais l'emplacement des salles par rapport à leur résidence freine leur activité.

Ainsi nous confirmons notre raisonnement précédent, à savoir que l'offre ne correspond pas à la demande. De plus, l'emplacement des salles est un indicateur du taux de consommation des films en salle. Toutefois, d'après nos études, ceux qui trouvent que le concept du cinéma ne les intéresse pas, sont en effet les inactifs, qui ne vont presque jamais au cinéma. De même pour ceux qui proclament que le cinéma ne les intéresse pas. Néanmoins, il est important de noter que 12.2 % trouvent que le prix du ticket d'entrée est élevé par rapport à leurs revenus, ce qui indique que le prix du ticket n'est pas la cause principale qui empêche leur consommation de films en salle.

46. Causes empêchant la consommation de films en salle

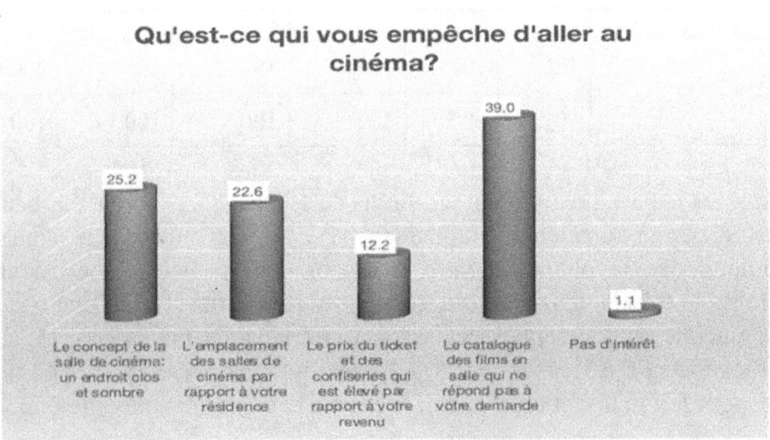

Nous constatons que les hommes et les femmes partagent les mêmes opinions quand il s'agit des raisons qui les empêchent de fréquenter les salles de cinéma. En effet, les pourcentages sont très proches dans les différentes catégories, à l'exception peut-être d'une différence légère en ce qui concerne l'emplacement des salles. À nouveau, nous confirmons notre raisonnement précédent. Les spectateurs trouvent que les salles sont assez éloignées de leur domicile avec 24.7 % pour les hommes et 20.7 % pour les femmes.

De même pour le catalogue des films. Les femmes ne sont pas intéressées par ce dernier et, par conséquent, la consommation des deux sexes est affectée avec 42.2 % pour les femmes et 35.4 % pour les hommes.

47. Causes empêchant la consommation de films en salle en fonction du sexe

Quel est votre sexe ?		Homme	Femme	Total
Qu'est-ce qui vous empêche d'aller au cinéma ?	Le concept de la salle de cinéma : un endroit clos et sombre	250	253	503
		26.2 %	24.2 %	25.2 %
	L'emplacement des salles de cinéma par rapport à votre résidence	235	217	452
		24.7 %	20.7 %	22.6 %
	Le prix du ticket et des confiseries qui est élevé par rapport à votre revenu	121	123	244
		12.7 %	11.7 %	12.2 %
	Le catalogue des films en salle qui ne répond pas à votre demande	337	442	779
		35.4 %	42.2 %	39.0 %
	Pas d'intérêt	10	12	22
		1.0 %	1.1 %	1.1 %
Total		953	1047	2000
		100 %	100 %	100 %

Il est aussi important d'analyser la situation en fonction de l'âge. 31.2 % des moins de 15 ans considèrent que l'emplacement de la salle les empêche d'aller au cinéma, puisqu'ils ont besoin qu'un membre de leur famille les y dépose :il n'existe pas de transport public au Liban. Notons aussi que toutes les tranches d'âges affirment que le catalogue des films ne les intéresse pas. De plus, nous constatons, que la génération des 45 ans et plus perd son intérêt du fait que le cinéma est un endroit clos. Enfin, le prix du ticket et des confiseries semble freiner l'activité des 25 à 34 ans, qui peuvent être pères ou mères de famille.

48. Causes empêchant la consommation de films en salle en fonction de l'âge

Quel âge avez-vous ?		Moins de 15 ans	15-24 ans	25-34 ans	35-44 ans	45 ans et plus	Total
Qu'est-ce qui vous empêche d'aller au cinéma ?	La salle de cinéma : un endroit clos et sombre	45	262	103	47	46	503
		24.2 %	25.8 %	23 %	24.2 %	27.5 %	25.2 %
	L'emplacement des salles par rapport à votre résidence	58	215	89	45	45	452
		31.2 %	21.1 %	20.4 %	23.2 %	26.9 %	22.6 %
	Le prix du ticket / des confiseries : élevé par rapport à votre revenu	30	106	61	26	21	244
		16.1 %	10.4 %	14.0 %	13.4 %	12.6 %	12.2 %
	Le catalogue des films en salle qui ne répond pas à votre demande	52	428	177	72	50	779
		28.0 %	42.1 %	40.6 %	37.1 %	29.9 %	39 %
	Pas d'intérêt	1	6	6	4	5	22
		.5 %	.6 %	1.4 %	2.1 %	3.0 %	1.1 %
Total		186	1017	436	194	167	2000
		100 %	100 %	100 %	100 %	100 %	100 %

2.2.3. Les tarifs élevés des billets de cinéma par rapport aux spectateurs

Un autre outil de mesure important est le prix des tickets. Au Liban, le salaire minimum interprofessionnel de croissance est à 675 000 LL, environ 400 euros (sans compter l'inflation due à la révolution d'octobre 2019). Les prix des billets sont à environ 12 000 LL soit environ 7.2 euros. Pour 34.1 % des spectateurs occasionnels, les prix doivent être de 8 000 LL, soit, environ 4.7 euros. Pour 22.3 %, les billets devraient coûter 10 000 LL soit 6 euros et pour 15.8 % d'entre eux, ils devraient coûter 12 000 LL, soit 7 euros. Il est important de noter que pour 27.9 % des spectateurs le prix du billet n'influe pas sur leur fréquentation. Nous constatons donc que le prix du ticket n'est pas un outil qui change forcément les habitudes des inactifs. Toutefois, pour les occasionnels, un tarif de 8 000 LL peut augmenter leur consommation.

49. Tarif convenable pour un film

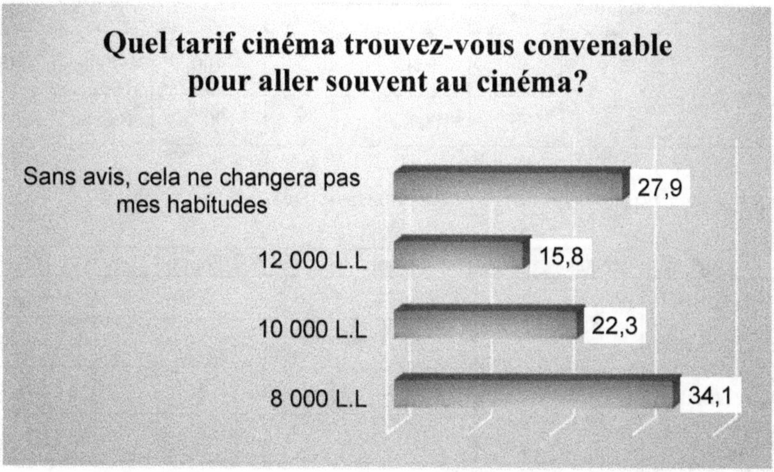

Afin d'analyser la situation de près, il est important de différencier les régions. La majorité des spectateurs dont la fréquentation ne dépend pas du prix du billet habite à Saida avec 33.3 % et à Mont-Liban avec 45 %, à savoir les inactifs qui ne sont pas intéressés par le cinéma. Quant aux autres, il est important de noter que les chiffres varient selon la région. 36.5 % pour Taanayel pour un tarif de 8 000 LL, 30.3 % pour Achrafieh avec 10 000 LL et 64.8 % pour Tripoli avec 8 000 LL. Rappelons que le pouvoir d'achat est plus fort au centre de Beyrouth qu'au Bekaa et à Tripoli. Il est important de noter que ceux qui sont influencés le plus par le prix du billet sont le public de Tripoli, qui souffre du plus faible pouvoir d'achat.

50. Tarif convenable pour un film en fonction de la région

Localité		Saida	Mont-Liban	Taanayel	Achrafieh	Tripoli	Total
Quel tarif trouveriez-vous convenable pour aller souvent au cinéma ?	8 000 LL	107	68	146	102	259	682
		26.8 %	17.0 %	36.5 %	25.5 %	64.8 %	34.1 %
	10 000 LL	66	82	86	121	91	446
		16.5 %	20.5 %	21.5 %	30.3 %	22.8 %	22.3 %
	12 000 LL	94	70	66	65	20	315
		23.5 %	17.5 %	16.5 %	16.3 %	5.0 %	15.8 %
	Sans avis, cela ne changera pas mes habitudes	133	180	102	112	30	557
		33.3 %	45.0 %	25.5 %	28.0 %	7.5 %	27.9 %
Total		400	400	400	400	400	2000
		100 %	100 %	100 %	100 %	100 %	100 %

51. Tarif convenable pour un film en fonction du sexe

Quel est votre sexe		Homme	Femme	Total
Quel tarif trouveriez-vous convenable pour aller souvent au cinéma ?	8 000 LL	343	339	682
		36.0 %	32.4 %	34.1 %
	10 000 LL	189	257	446
		19.8 %	24.5 %	22.3 %
	12 000 LL	149	166	315
		15.6 %	15.9 %	15.8 %
	Sans avis, cela ne changera pas mes habitudes	272	285	557
		28.5 %	27.2 %	27.9 %
Total		953	1047	2 000
		100 %	100 %	100 %

En ce qui concerne les hommes et les femmes, ceux-ci partagent le même point de vue quand il s'agit du prix des tickets. Dans la catégorie « 8 000 LL », nous notons pour les hommes et les femmes, respectivement 36 % et 32.4 %, dans la catégorie « 10 000 LL », 19.8 % et 24.5 % et dans la catégorie « 12 000 LL », 15.6 % et 15.9 %. De même, dans la catégorie des spectateurs inactifs qui ne changent pas leur fréquentation en fonction du prix, hommes et femmes représentent respectivement 28.5 % et 27.2 %.

52. Tarif convenable pour un film en fonction de l'âge

Quel âge avez-vous ?		Moins de 15 ans	15-24 ans	25-34 ans	35-44 ans	45 ans et plus	Total
Quel tarif trouveriez-vous convenable pour aller souvent au cinéma ?	8 000 LL	93	309	142	80	58	682
		50.0 %	30.4 %	32.6 %	41.2 %	34.7 %	34.1 %
	10 000 LL	39	190	126	42	49	446
		21.0 %	18.7 %	28.9 %	21.6 %	29.3 %	22.3 %
	12 000 LL	23	180	63	30	19	315
		12.4 %	17.7 %	14.4 %	15.5 %	11.4 %	15.8 %
	Sans avis, cela ne changera pas mes habitudes	31	338	105	42	41	557
		16.7 %	33.2 %	24.1 %	21.6 %	24.6 %	27.9 %
Total		186	1017	436	194	167	2000
		100 %	100 %	100 %	100 %	100 %	100 %

Notons que 50 % des moins de 15 ans souhaitent que le billet de cinéma soit à 8 000 LL, de même pour 32.6 % des 25 à 34 ans, 41.2 % des 35-44 ans et 34.7 % des 45 ans et plus. Toutefois, les 15 à 24 ans sont les seuls qui considèrent que le prix du ticket ne change pas leur fréquentation du cinéma. Rappelons que cette génération est la plus active.

L'analyse corrélative nous permet d'étudier le rapport entre la fréquentation des spectateurs et le prix du ticket. Nous constatons que 64.3 % des spectateurs occasionnels qui admettent que le prix du ticket est élevé par rapport à leurs revenus, souhaitent que les prix soient réduits. L'âge ne semble donc pas être un indicateur du pouvoir d'achat. Toutefois, pour les jeunes, le prix du ticket n'affecte pas leur consommation. Néanmoins, il est important de noter que si les occasionnels souhaitent que le ticket d'entrée soit de 8 000 LL, c'est qu'ils estiment que le prix du billet doit être cohérent et raisonnable par rapport au SMIC 586.07 euros (selon les sujets ayant rempli le questionnaire).

53. Causes empêchant la consommation en salle en fonction du tarif convenable

Quel tarif trouveriez-vous convenable pour aller souvent au cinéma ?		8 000 LL	10 000 LL	12 000 LL	Sans avis, cela ne changera pas mes habitudes	Total
Qu'est-ce qui vous empêche d'aller au cinéma ?	Le prix du ticket et des confiseries qui est élevé par rapport à votre revenu	157	58	16	13	244
		64.3 %	23.8 %	6.6 %	5.3 %	100 %
	Autres	525	388	299	544	1756
		29.9 %	22.1 %	17.0 %	31.0 %	100 %
Total		682	446	315	557	2000
		34.1 %	22.3 %	15.8 %	27.9 %	100 %

54. Taux de fréquentation du cinéma en fonction du tarif convenable

Quel tarif trouveriez-vous convenable pour aller souvent au cinéma ?		8 000 LL	10 000 LL	12 000 LL	Sans avis, cela ne changera pas mes habitudes	Total
Combien de fois allez-vous au cinéma par an ?	1 à 4 fois	498	350	248	405	1501
		33.2 %	23.3 %	16.5 %	27.0 %	100 %
	Jamais	184	96	67	152	499
		36.9 %	19.2 %	13.4 %	30.5 %	100 %
Total		682	446	315	557	2000
		34.1 %	22.3 %	15.8 %	27.9 %	100 %

2.2.4 Le type et le genre de films préférés des potentiels spectateurs

En général, les spectateurs potentiels au Liban ont une préférence pour les films américains à 48.3 %, mais aussi pour les films libanais avec un pourcentage relativement proche de 39.2 %. En revanche, seul 12.4 % portent un intérêt pour les films d'arts et d'essais, point important à relever dans la mesure où bien que ce taux soit faible il n'est pas pour autant inexistant. La clientèle qui désire ces films, elle aussi, ne trouve pas sa demande. Enfin, d'après les questionnaires récoltés, 0.2 % d'entre eux considèrent que le type de film les intéresse moins que le contenu particulier qu'il propose.

55. Types de films préférés

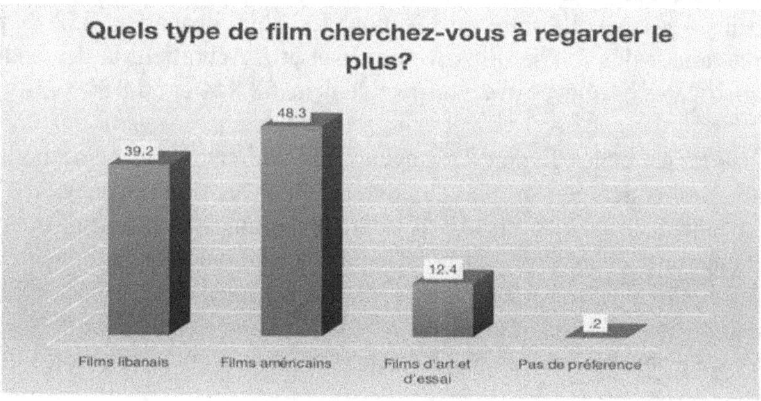

56. Types de films préférés en fonction de la région

Emplacement		Saida	Mont-Liban	Taanayel	Achrafieh	Tripoli	Total
Quels types de film cherchez-vous à regarder le plus ?	Films libanais	189	142	150	140	163	784
		47.3 %	35.5 %	37.5 %	35.0 %	40.8 %	39.2 %
	Films américains	165	235	156	227	182	965
		41.3 %	58.8 %	39.0 %	56.8 %	45.5 %	48.3 %
	Films d'art et d'essai	45	23	92	32	55	247
		11.3 %	5.8 %	23.0 %	8.0 %	13.8 %	12.4 %
	Pas de préférence	1	0	2	1	0	4
		.3 %	0.0 %	.5 %	.3 %	0.0 %	2 %
Total		400	400	400	400	400	2000
		100 %	100 %	100 %	100 %	100 %	100 %

Les spectateurs potentiels de Saida sont ceux qui s'intéressent le plus aux films libanais avec un pourcentage de 47.3 %, comme cette ville n'a pas été exposée à la culture occidentale. Ainsi, Saida, dans les deux études, semble être la ville la plus intéressée par le contenu national. À Taanayel et à Tripoli, les chiffres sont proches : 37.5 % pour les films libanais et 39 % pour les films américains à Taanayel, contre 40.8 % pour les films libanais et 45.5 % pour les films américains à Tripoli. À Mont-Liban et à Achrafieh, la demande en films américains est élevée avec, respectivement, 58.8 % et 56.8 %.

Les hommes et les femmes partagent majoritairement le même point de vue en ce qui concerne l'origine du contenu. Pour les films libanais, il s'agit respectivement de 40.7 % et 37.8 % pour les hommes et les femmes. Nous remarquons une légère préférence de la part des hommes occasionnels. Pour les films américains, nous comptons 47.5 % d'hommes et 48.9 % de femmes et pour les films d'art et d'essai, 11.5 % et 13.1 %, ce qui indique que les femmes sont plus intéressées par la culture et l'art, d'où l'importance de les attirer.

En ce qui concerne ceux qui n'ont pas de préférence, le résultat est le même avec 0.2 % pour chaque sexe. Il est donc évident que les femmes sont plus intéressées par les films d'arts, car elles sont intéressées par la culture et aiment promouvoir ce type de cinéma. Toutefois, nous trouvons intrigant que les hommes cherchent à regarder plus de films libanais que les femmes, contrairement à la première étude. Ceci peut être justifié par le genre de film recherché (l'action), qui attire moins les femmes.

57. Types de films préférés en fonction du sexe

Quel est votre sexe ?		Homme	Femme	Total
Quels types de film cherchez-vous à regarder le plus ?	Films libanais	388	396	784
		40.7 %	37.8 %	39.2 %
	Films américains	453	512	965
		47.5 %	48.9 %	48.3 %
	Films d'art et d'essai	110	137	247
		11.5 %	13.1 %	12.4 %
	Pas de préférence	2	2	4
		.2 %	.2 %	.2 %
Total		953	1047	2000
		100 %	100 %	100 %

En comparant l'âge au type de films, nous remarquons que les adolescents occasionnels regardent des films libanais à 60.8 %. Quant aux autres tranches d'âges, les spectateurs préfèrent regarder les films américains avec 52.7 % des 15 à 24 ans, 51.4 % des 25 à 34 ans, 45.9 % des 35 à 44 ans et 38.3 % des 45 ans et plus. Ce qui est important à noter est que la génération des 35 ans et plus est intéressée par les films d'arts alors que la jeune génération semble avoir perdu cette soif, d'où la nécessité d'une éducation culturelle dès l'école primaire. Cependant, d'après nos questionnaires, les jeunes sont attirés par les films libanais commerciaux.

58. Types de films préférés en fonction de l'âge

Quel âge avez-vous ?		Moins de 15 ans	15-24 ans	25-34 ans	35-44 ans	45 ans et plus	Total
Quel type de film cherchez-vous à regarder le plus ?	Films libanais	113	385	147	74	65	784
		60.8 %	37.9 %	33.7 %	38.1 %	38.9 %	39.2 %
	Films américains	52	536	224	89	64	965
		28.0 %	52.7 %	51.4 %	45.9 %	38.3 %	48.3 %
	Films d'art et d'essai	21	93	65	31	37	247
		11.3 %	9.1 %	14.9 %	16.0 %	22.2 %	12.4 %
	Pas de préférence	0	3	0	0	1	4
		0.0 %	.3 %	0.0 %	0.0 %	.6 %	.2 %
Total		186	1017	436	194	167	2000
		100 %	100 %	100 %	100 %	100 %	100 %

Quant au genre, le graphique ci-dessous indique que la comédie et les films d'action sont en tête de liste avec 34.6 % et 33.7 %. Viennent ensuite les drames et les films de science-fiction avec 20.2 % et 11.5 %. Toutefois, d'après les résultats de notre enquête, la plupart des spectateurs potentiels souhaitent regarder plus de films libanais de comédie ou des films américains d'action. Ils ne sont pas intéressés par le drame, la science-fiction et les films historiques, car ils considèrent le cinéma comme une sortie amusante.

59. Genres de films préférés

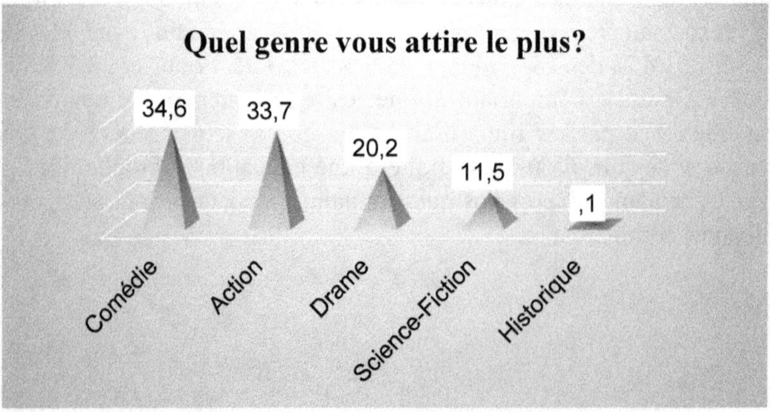

60. Genres de films préférés en fonction de la région

Emplacement		Saida	Mont-Liban	Taanayel	Achrafieh	Tripoli	Total
Quel genre vous attire le plus ?	Comédie	133	148	112	161	137	691
		33.3 %	37.0 %	28.0 %	40.3 %	34.3 %	34.6 %
	Action	149	120	125	125	154	673
		37.3 %	30.0 %	31.3 %	31.3 %	38.5 %	33.7 %
	Drame	75	91	87	79	72	404
		18.8 %	22.8 %	21.8 %	19.8 %	18.0 %	20.2 %
	Science-Fiction	43	41	74	35	37	230
		10.8 %	10.3 %	18.5 %	8.8 %	9.3 %	11.5 %
	Historique	0	0	2	0	0	2
		0.0 %	0.0 %	.5 %	0.0 %	0.0 %	.1 %
Total		400	400	400	400	400	2000
		100 %	100 %	100 %	100 %	100 %	100%

Pour élaborer nos résultats davantage, mentionnons le fait que les occasionnels à Saida, Tripoli et Taanayel, cherchent à regarder des films d'action, respectivement à 37.3 %, 31.3 % et 38.5 %. Les occasionnels à Mont-Liban et à Achrafieh sont davantage intéressés par les films de comédie avec un pourcentage de 37 % et 40.3 %. Cette deuxième étude quantitative permet de confirmer que les spectateurs actifs, tout comme les spectateurs passifs, portent un intérêt supérieur aux films d'action et de comédie, et inférieur, pour les drames, la science-fiction et les films historiques. Le genre qui intéresse le moins le public potentiel est le genre historique.

Nous remarquons que l'art, la culture et tout ce qui est lié au passé et à l'identité semble ne pas les intéresser. L'éducation du cinéma dès l'école est donc indispensable dans ce cas, comme mentionné dans le premier chapitre.

61. Genres de films préférés en fonction du sexe

Quel est votre sexe ?		Homme	Femme	Total
Quel genre vous attire le plus ?	Comédie	346	345	691
		36.3 %	33.0 %	34.6 %
	Action	366	307	673
		38.4 %	29.3 %	33.7 %
	Drame	140	264	404
		14.7 %	25.2 %	20.2 %
	Science-Fiction	100	130	230
		10.5 %	12.4 %	11.5 %
	Historique	1	1	2
		.1 %	.1 %	.1 %
Total		953	1047	2000
		100 %	100 %	100 %

D'après le tableau ci-dessus, les hommes et les femmes ne partagent pas la même opinion en ce qui concerne le genre. Les femmes préfèrent les comédies avec un pourcentage de 33 % et les hommes, les films d'action avec un pourcentage de 38.4 %, ce qui prouve notre raisonnement précédent. Quand il s'agit des drames et des films de science-fiction, le pourcentage des femmes est plus élevé avec respectivement 25.2 % et 12.4 %. Pour les films historiques, le pourcentage est de 0.1 %. Les femmes sont intéressées par la science-fiction et le drame.

Si nous étudions la préférence du genre en fonction de l'âge (cf.62), nous remarquons que les moins de 15 ans, les 25 à 34 ans et les 45 ans et plus cherchent à regarder des films de comédies, avec des pourcentages de 46.8 %, 37.6 % et 30.5 % respectivement. Quant aux 15 à 24 ans et 35 à 44 ans, ils sont intéressés par les films d'action avec 36.3 % et 33.5 %.

62. Genres de films préférés en fonction de l'âge

Quel âge avez-vous ?		Moins de 15 ans	15-24 ans	25-34 ans	35-44 ans	45 ans et plus	Total
Quel genre vous attire le plus ?	Comédie	87	336	164	53	51	691
		46.8 %	33.0 %	37.6 %	27.3 %	30.5 %	34.6 %
	Action	50	369	139	65	50	673
		26.9 %	36.3 %	31.9 %	33.5 %	29.9 %	33.7 %
	Drame	29	200	88	44	43	404
		15.6 %	19.7 %	20.2 %	22.7 %	25.7 %	20.2 %
	Science-Fiction	20	112	44	32	22	230
		10.8 %	11.0 %	10.1 %	16.5 %	13.2 %	11.5 %
	Historique	0	0	1	0	1	2
		0.0 %	0.0 %	.2 %	0.0 %	.6 %	.1 %
Total		186	1017	436	194	167	2000
		100 %	100 %	100 %	100 %	100 %	100 %

63. Causes empêchant la consommation en salle en fonction du genre préféré

Quel genre vous attire le plus ?		Comédie	Action	Drame	Science -Fiction	Historique	Total
Qu'est-ce qui vous empêche d'aller au cinéma ?	Le catalogue des films en salle ne répond pas à votre demande	265	250	152	111	1	779
		34.0 %	32.1 %	19.5 %	14.2 %	.1 %	100 %
	Autres	426	423	252	119	1	1221
		34.9 %	34.6 %	20.6 %	9.7 %	.1 %	100 %
Total		691	673	404	230	2	2000
		34.6 %	33.7 %	20.2 %	11.5 %	.1 %	100 %

D'après l'analyse corrélative ci-dessus (cf.63), les occasionnels cherchent à regarder plus de films de comédies (34 %) et d'action (32.1 %) et le fait qu'ils ne trouvent pas ces derniers dans les catalogues des salles de cinéma, freine leur activité. Les plus âgés sont ceux qui s'intéressent le plus à la science-fiction et au drame. Toutefois, le genre qui attire la majorité est la comédie. Il est important d'utiliser ces données pour effectuer des essais sur un échantillon d'audience pour chaque catégorie d'âge, afin de proposer plus tard des stratégies de marketings spécifiques.

2.2.5 Les cinémas en plein air comme solution pour les semi-claustrophobes

64. Taux d'intérêt pour le cinéma en plein air

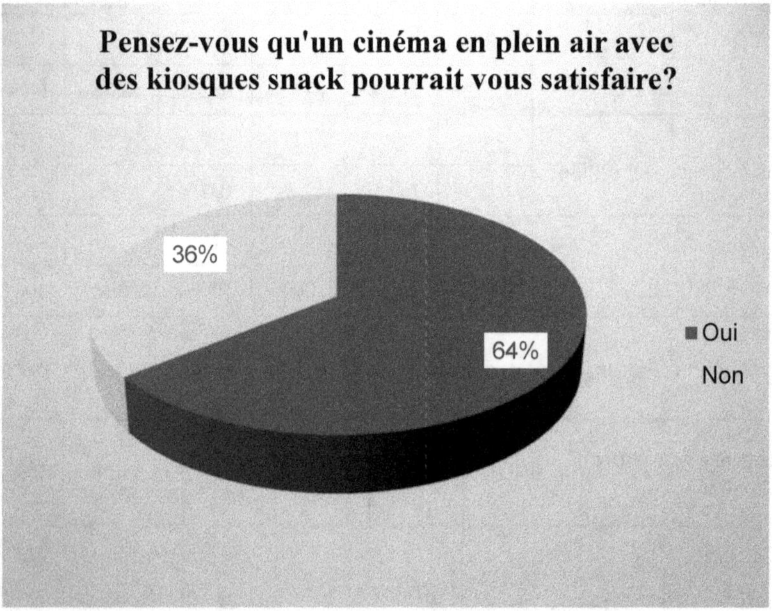

Les données ci-dessus prouvent que 64 % des non actifs sont intéressés par un cinéma en plein air et désirent regarder des films en extérieur. Cette solution peut résoudre le problème des spectateurs « claustrophobes » ou qui ne se sentent pas à l'aise dans les endroits clos.

D'après les réponses recueillies, ceux qui sont convaincus par cette offre sont les inactifs qui trouvent le concept de salle sombre inintéressant ; contrairement à ceux qui sont occasionnels. Dans les deux cas, il est possible d'attirer les spectateurs à consommer des films.

65. Taux d'intérêt pour le cinéma en plein air en fonction de la région

Localité		Saida	Mont-Liban	Taanayel	Achrafieh	Tripoli	Total
Pensez-vous qu'un cinéma en plein air avec des kiosques snack pourrait vous satisfaire ?	Oui	254	257	246	290	241	1288
		63.5 %	64.3 %	61.5 %	72.5 %	60.3 %	64.4 %
	Non	146	143	154	110	159	712
		36.5 %	35.8 %	38.5 %	27.5 %	39.8 %	35.6 %
Total		400	400	400	400	400	2000
		100 %	100 %	100 %	100 %	100 %	100 %

Les inactifs interviewés à Saida, Mont-Liban, Taanayel, Achrafieh et Tripoli sont intéressés par le cinéma en plein air. Ceci peut s'expliquer par le fait que la population libanaise est majoritairement extravertie et que les familles sortent tous les weekends et cherchent des activités intéressantes pour leurs enfants. D'après eux, un cinéma en plein air à tarif bas les intéresse. Les pourcentages selon les régions sont, respectivement, de 63.5 %, 64.3 %, 61.5 %, 72.5 % et 60.3 % pour Saida, Mont-Liban, Taanayel, Achrafieh et Tripoli. Les inactifs d'Achrafieh semblent être le plus désintéressés par le concept de salle sombre et le plus intéressés par le concept du cinéma en plein air. Cette culture fait partie de leurs habitudes.

66. Taux d'intérêt pour le cinéma en plein air en fonction du sexe

Quel est votre sexe		Homme	Femme	Total
Pensez-vous qu'un cinéma en plein air avec des kiosques snack pourrait vous satisfaire ?	Oui	612	676	1288
		64.2 %	64.6 %	64.4 %
	Non	341	371	712
		35.8 %	35.4 %	35.6 %
Total		953	1047	2 000
		100 %	100 %	100 %

67. Taux d'intérêt pour le cinéma en plein air en fonction de l'âge

Quel âge avez-vous ?		Moins de 15 ans	15-24 ans	25-34 ans	35-44 ans	45 ans et plus	Total
Pensez-vous qu'un cinéma en plein air avec des kiosques snack pourrait vous satisfaire ?	Oui	146	662	273	120	87	1288
		78.5 %	65.1 %	62.6 %	61.9 %	52.1 %	64.4 %
	Non	40	355	163	74	80	712
		21.5 %	34.9 %	37.4 %	38.1 %	47.9 %	35.6 %
Total		186	1017	436	194	167	2000
		100 %	100 %	100 %	100 %	100 %	100 %

Nous constatons que les hommes et les femmes sont intéressés par le cinéma en plein air avec 64.2 % d'hommes et 64.6 % de femmes. Les jeunes de moins de 15 ans sont ceux qui s'y intéressent le plus avec 78.5 %, viennent ensuite les jeunes de 25 à 24 avec 65.1 %, puis les adultes de 25 à 34 avec 62.6 %, les 35 à 44 avec 61.9 % et les 45 et plus avec 52.1 %. Les jeunes semblent donc être les plus captivés par ce concept. Quant aux plus âgés, ils sont moins attirés par cette initiative. Ceci est évidemment lié au concept de sorties et d'activités en plein air, qui demande un certain effort.

68. Causes empêchant la consommation en salle en fonction du taux d'intérêt pour le cinéma en plein air

Pensez-vous que le cinéma en plein air avec des kiosques snack pourrait vous satisfaire ?		Oui	Non	Total
Qu'est-ce qui vous empêche d'aller au cinéma ?	Le concept de la salle de cinéma : un endroit clos et sombre	408	95	503
		81.1 %	18.9 %	100 %
	Autres	880	617	1497
		58.8 %	41.2 %	100 %
Total		1288	712	2000
		64.4 %	35.6 %	100 %

L'analyse corrélative ci-dessus montre que 81.1 % des spectateurs inactifs estiment que le problème peut être résolu parce qu'ils ne désirent pas regarder de films dans un endroit clos et sombre. Ils ont également noté que leur intérêt pour le cinéma en plein air tient également de son atmosphère festive, les voitures dans les parkings, la musique avant que le film commence, les confiseries et les tickets réduits. Ceci est dû au fait que le cinéma est considéré comme une sortie populaire. Quant à ceux qui ne sont pas forcément dérangés par le concept de cinéma clos, ils semblent à moitié convaincus par l'idée de cinéma en plein air. Cette hypothèse est approuvée, et envisageable pour les inactifs et les occasionnels.

2.2.6 Le modèle de cinéma à la demande pour encourager la consommation de film

69. Taux d'intérêt pour le choix personnalisé de films en salle

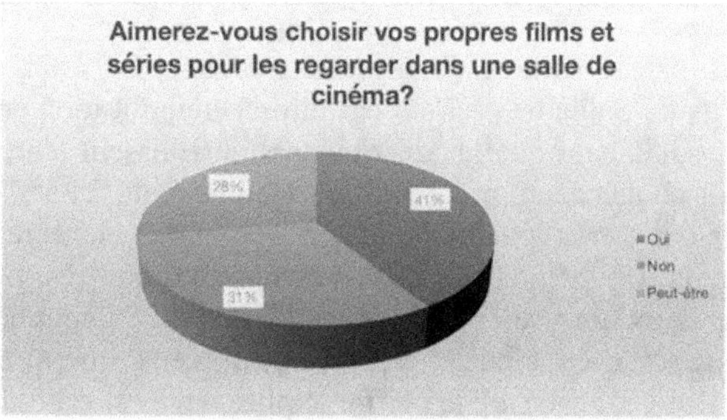

Une autre solution proposée est le cinéma à la demande. En effet, 41 % des spectateurs inactifs souhaitent choisir leurs propres films dans les salles, 28 % n'ont pas de préférence et 31 % rejettent cette possibilité. Ils déclarent qu'ils n'ont pas le temps de choisir leurs propres films, sachant qu'ils le font déjà en ligne. Cette question a été posée en émettant l'hypothèse qu'une application peut leur permettre d'avoir un mot à dire sur la programmation des films. Celle-ci peut être une réelle alternative. Au lieu que les distributeurs et les exploitants analysent leurs données numériques en salles et fassent des études pour comprendre le choix des spectateurs, sachant que les goûts de ces derniers changent avec le temps, elle peut rapprocher l'offre de la demande et donner des informations sur les préférences des spectateurs en « temps réel ».

70. Taux d'intérêt pour le choix personnalisé de films en fonction de la région

Localité		Saida	Mont-Liban	Taanayel	Achrafieh	Tripoli	Total
Aimeriez-vous choisir vos propres films et séries pour les regarder dans une salle de cinéma ?	Oui	150	142	136	232	159	819
		37.5 %	35.5 %	34.0 %	58.0 %	39.8 %	41.0 %
	Non	152	138	124	89	127	630
		38.0 %	34.5 %	31.0 %	22.3 %	31.8 %	31.5 %
	Peut-être	98	120	140	79	114	551
		24.5 %	30.0 %	35.0 %	19.8 %	28.5 %	27.6 %
Total		400	400	400	400	400	2000
		100 %	100 %	100 %	100 %	100 %	100 %

Nous passons par la suite à l'analyse par région. En effet, 38 % des spectateurs inactifs de Saida ne désirent pas utiliser d'application pour choisir leurs films, mais souhaitent que les distributeurs enrichissent leur catalogue. 37.5 % souhaitent choisir leurs propres films. Uniquement, 24.5 % n'ont pas de préférence. Nous observons donc que les données sont relativement positives pour Saida. De même pour Mont-Liban, où les chiffres sont proches avec 35.5 % pour ceux qui veulent choisir les films, 34.5 % pour ceux qui ne sont pas intéressés par ce modèle et 30 % pour ceux qui n'ont pas de préférence. De même, à Taanayel, le chiffre le plus élevé est celui des inactifs indifférents avec 35 %. Quant à Achrafieh et à Tripoli, ils sont prêts à choisir leurs propres films en salle avec, respectivement, 58 % et 39.8 %

71. Taux d'intérêt pour le choix personnalisé de films en fonction du sexe

Quel est votre sexe ?		Homme	Femme	Total
Aimeriez-vous choisir vos propres films et séries pour les regarder dans une salle de cinéma ?	Oui	414	405	819
		43.4 %	38.7 %	41.0 %
	Non	307	323	630
		32.2 %	30.9 %	31.5 %
	Peut-être	232	319	551
		24.3 %	30.5 %	27.6 %
Total		953	1047	2000
		100 %	100 %	100 %

Pour les hommes et les femmes, la réponse est proche : 43.4 % et 38.7 %. Les hommes semblent plus attirés par cet outil technologique et par la prise de décision libre.

72. Taux d'intérêt pour le choix personnalisé de films en fonction de l'âge

Quel âge avez-vous ?		Moins de 15 ans	15-24 ans	25-34 ans	35-44 ans	45 ans et plus	Total
Aimerez-vous choisir vos propres films et séries pour les regarder dans une salle de cinéma ?	Oui	99	428	174	64	54	819
		53.2 %	42.1 %	39.9 %	33.0 %	32.3 %	41.0 %
	Non	34	312	154	67	63	630
		18.3 %	30.7 %	35.3 %	34.5 %	37.7 %	31.5 %
	Peut-être	53	277	108	63	50	551
		28.5 %	27.2 %	24.8 %	32.5 %	29.9 %	27.6 %
Total		186	1017	436	194	167	2000
		100 %	100 %	100 %	100 %	100 %	100 %

Si nous analysons en fonction de l'âge, nous remarquons que les jeunes désirent choisir leurs propres films en salle. Nous observons un pourcentage de 53.2 % pour les moins de 15 ans, 42.1 % pour les 15-24 ans et 39.9 % pour les 25 à 34 ans. Ces derniers s'adaptent vite aux applications et à la technologie. Les plus âgés, entre 35 et 44, et les 45 ans et plus, ne sont pas intéressés par cet outil, avec, respectivement, 34.5 % et 37.7 %. En définitive, la technologie attire la nouvelle génération, qui est en mesure de s'y adapter facilement.

Enfin, les tableaux croisés ci-dessous nous permettent d'étudier le lien entre le désir de choisir soi-même les films programmés et le fait que les inactifs n'aillent pas au cinéma parce que le catalogue ne correspond pas à leur demande. Nous notons que 42.6 % pensent que cette application peut résoudre le problème. Les occasionnels qui vont au cinéma une à quatre fois par an sont intéressés par cet outil à 44.6 %, tandis que ceux qui ne vont jamais au cinéma le rejettent à 38.1 %. Toutefois, dans la catégorie de ceux qui ne vont jamais au cinéma, les chiffres sont proches pour ceux qui sont intéressés par l'application, avec 30.1 %, et ceux qui y sont indifférents, avec 31.9 %.

Ainsi, il est important de créer un produit minimum viable pour tester cette application.

73. Causes empêchant la consommation en salle en fonction du taux d'intérêt pour le choix personnalisé de films

Aimeriez-vous choisir vos propres films et séries pour les regarder dans une salle de cinéma ?		Oui	Non	Peut-être	Total
Qu'est-ce qui vous empêche d'aller au cinéma ?	Le catalogue des films en salle qui ne répond pas à votre demande	332	185	262	779
		42.6 %	23.7 %	33.6 %	100 %
	Autres	487	445	289	1221
		39.9 %	36.4 %	23.7 %	100 %
Total		819	630	551	2000
		41.0 %	31.5 %	27.6 %	100 %

74. Taux de fréquentation du cinéma en fonction du taux d'intérêt pour le choix personnalisé de films

Aimerez-vous choisir vos propres films et séries pour les regarder dans une salle de cinéma ?		Oui	Non	Peut-être	Total
Combien de fois allez-vous au cinéma par an ?	Entre 1 et 4 fois	669	440	392	1501
		44.6 %	29.3 %	26.1 %	100 %
	Aucune fois	150	190	159	499
		30.1 %	38.1 %	31.9 %	100 %
Total		819	630	551	2000
		41.0 %	31.5 %	27.6 %	100 %

Conclusion

L'analyse quantitative a été effectuée afin de comprendre le comportement des spectateurs actifs (étude 1) et passifs (étude 2), de déterminer les causes et problèmes et de les analyser afin de trouver des solutions dans le troisième chapitre de cet ouvrage. Les régions étudiées sont Beyrouth, Mont-Liban, Bekaa, Tripoli et Saida. Nous avons constaté qu'il existe une inadéquation d'implantation géographique des salles de cinéma au Liban.

En effet, la plupart de ces dernières sont à Beyrouth, la capitale du pays. Les autres villes, les villages et les montagnes n'ont que peu de salles. Tel est le cas de Tripoli, Bekaa et Saida. Nous remarquons que la majorité des spectateurs actifs et réguliers habitent à moins de 15 minutes de la salle. Ceci peut expliquer le fait que seul 1/6 de la population va au cinéma, puisqu'il leur est plus accessible. Toutefois, ces derniers ne sont pas tous assidus : la majorité vont une fois par mois au cinéma et sont des spectateurs réguliers.

Les tableaux croisés nous ont permis de constater qu'il existe un lien entre l'emplacement et le taux de fréquentation des salles de cinéma. Un autre point important étudié dans notre recherche est celui de l'influence des spectateurs par les outils marketing. Nous avons évoqué l'importance de la bande-annonce à travers les médias et surtout la télévision, le bouche-à-oreille, le site web, les affiches et les applications. En majorité, les Libanais sont influencés par ces outils marketing qui affectent leur choix de films. Ils sont particulièrement sensibilisés par l'histoire et les stars, plutôt que par le réalisateur, le producteur, ou le genre.

Nos études nous permettent également de conclure et d'assurer aux professionnels que les films libanais sont demandés par le public, même si ces derniers les considèrent généralement comme faibles en quantité et en qualité, ce qui nous permet d'admettre que les films libanais sont en mesure de trouver leur marché. Toutefois, les spectateurs sont davantage attirés par le cinéma à domicile. Uniquement 1/3 de ces derniers préfère la sortie en salle. Ainsi, pour que la consommation en salle s'impose en tant que réelle alternative et pousse plus de spectateurs hors de chez eux, elle doit offrir de nouveaux moyens de divertissement. Ceux qui préfèrent regarder des films chez eux sont des consommateurs premiers de DVD illégaux et de films téléchargés. Les plateformes VOD n'ont pas la plus grande part de marché. Cependant, elles dépassent celle des DVD légaux, du Pay Per View, de la télévision gratuite, de la consommation sur YouTube, etc.

Nous avons également effectué une analyse par sexe, âge et région, en s'appuyant sur les données récoltées dans des salles de cinéma, pour déterminer les différents profils de spectateurs. Nous sommes arrivés à la conclusion suivante : le profil-type du spectateur libanais est celui qui habite à moins de 15 minutes de la salle, va une fois par mois au cinéma et apprend la sortie d'un film par la bande-annonce. Il est majoritairement influencé dans son choix par les vedettes et l'histoire. Le spectateur type est consommateur de films libanais, bien qu'il les trouve faibles en quantité et qualité. Il n'a pas de préférence entre regarder les films en salle ou chez lui. Mais, lorsqu'il est chez lui, il préfère, par ordre de priorité, les DVD illégaux, le téléchargement de films et l'accès aux plateformes VOD. Il est important de mentionner aussi que ce dernier n'est pas un consommateur assidu. Quant à la seconde étude, celle sur les spectateurs occasionnels et inactifs, elle a prouvé que les 3/4 de ces derniers regardent un à quatre films par an. Ils sont donc davantage dans la catégorie des occasionnels que celle des inactifs. Les occasionnels pensent que le catalogue de film ne correspond pas à leur demande. Et les inactifs trouvent que la salle de cinéma est un endroit sombre qui ne les captive pas. Les occasionnels sont intéressés par une application qui peut leur permettre de choisir leurs propres films. Quant aux inactifs, ils sont captivés par le concept de cinéma en plein air. La majorité souhaitent regarder plus de films américains de comédies et d'action et trouvent que le prix du ticket doit être environ 4,7 euros.

Pour élaborer davantage, et en nous appuyant sur notre deuxième étude, nous pouvons conclure que la baisse de fréquentation des salles est liée au manque d'intérêt pour le cinéma. L'implantation géographique est davantage un frein pour les plus jeunes occasionnels et inactifs, ce qui a été également prouvé dans la première étude.

Le prix du ticket, lui, affecte les spectateurs. Il est trop haut par rapport au SMIC. Toutefois, il ne change pas la consommation de films de la jeune génération. Les spectateurs potentiels des régions de Taanayel et de Tripoli ont le pouvoir d'achat le plus faible et sont ceux qui souhaitent profiter des prix plus bas. De plus, nous avons étudié la demande des spectateurs occasionnels en termes de types de films (libanais, américain, art et essai) et genres de films (comédie, action, drame, science-fiction, historique). Ils sont davantage intéressés par les films libanais, mais cherchent majoritairement à regarder des films américains. Toutefois, ils partagent les mêmes goûts que ceux des actifs, quand il s'agit de genre, à savoir un fort intérêt pour les comédies et les films d'action. Plus précisément, les hommes sont intéressés par les films d'action et les femmes par les comédies.

Nous avons ensuite proposé quelques solutions aux inactifs. La majorité de ces derniers sont intéressés par les cinémas en plein air. Nos études par région prouvent que la réponse est positive à Saida, Mont-Liban, Taanayel, Achrafieh et Tripoli avec un pourcentage élevé, aussi bien pour les hommes et les femmes, et pour les différentes tranches d'âge. Un autre concept a été proposé, à savoir un outil technologique permettant d'influer sur le choix des films qui sortent en salle. La technologie intéresse davantage les jeunes générations, contrairement aux adultes qui la rejettent, comme peuvent le montrer les chiffres enregistrés dans cette étude. Toutefois, de manière générale, nous avons reçu une réponse positive en ce qui concerne cette application. Plus de 3/4 des inactifs sont intéressés par ce système. Enfin, les différents profils de spectateurs (actifs et non actifs) établis, ainsi que les raisons d'une faible fréquentation des cinémas, permettent d'une part, de clore ce chapitre et d'autre part, de poursuivre cette étude en proposant des solutions complémentaires pour fortifier l'industrie du cinéma dans le troisième chapitre de cet ouvrage.

Chapitre 3 : Restructuration du modèle économique par la technologie

Introduction

Le chapitre 3 est dédié à la technologie et aux solutions que le secteur privé peut envisager pour promouvoir l'économie du cinéma. Depuis des décennies, la technologie s'est imprégnée dans notre vie quotidienne d'une façon exponentielle. Elle contribue non seulement à l'améliorer de cette dernière, mais aussi à la rendre plus facile. Les technologies existantes parmi nous ne cessent de progresser et de prendre une importance grandissante. C'est pourquoi il est important de les implémenter le plus tôt possible dans le secteur cinématographique libanais, afin de résoudre les problèmes auxquels le cinéma national fait face, tout en offrant une meilleure expérience aux professionnels de l'industrie émergente. Nous proposons une rénovation des salles de cinéma d'art et essai en focalisant les efforts sur les différentes technologies à disposition à ce jour, mais aussi sur des solutions marketing numériques liées à la récolte des données en ligne. Ces dernières permettent de lier l'audience aux distributeurs. Il s'agit, entre autres, d'un système de programmation participative, c'est-à-dire qui donne la possibilité aux spectateurs de choisir les films qu'ils désirent voir en salle. À l'inverse, nous évoquons le modèle de Secret Cinema, où les projections ont lieu dans des endroits différents et uniques à chaque fois et où le choix du film n'est dévoilé qu'au dernier moment. Ce dernier a eu du succès à Londres. Notons également l'exemple de I like cinéma, un modèle de cinéma à la demande français, qui donne la possibilité aux spectateurs de choisir leurs propres films et de les regarder en salles. Ce dernier a fermé ses portes malgré un système intéressant.

Par ailleurs, l'utilisation d'un algorithme est essentielle pour calculer le prix du ticket en fonction de la demande tandis que les offres en ligne peuvent encourager la consommation de films. Tout cela, pour promouvoir la distribution de films. De plus, nous évoquons la création de sites d'achat de tickets de cinéma (ou leur intégration dans des sites populaires existants, offrant parfois des réductions), de cartes illimitées, de séances pour enfants, etc. Il est important de noter que les cartes mentionnées doivent être appliquées en priorité sur les films libanais. Nous détaillons aussi des mesures nécessaires pour régulariser la consommation des spectateurs actifs des plateformes VOD internationales et nous nous attardons sur l'importance de l'utilisation des données des chaînes de télévision et de la plateforme VOD libanaise pour étudier la réception des spectateurs et créer du contenu original, afin de pouvoir rivaliser avec les plateformes étrangères. Ce chapitre est également consacré aux deux compagnies qui ont vu le jour dans le cadre de ce travail : Jay Dreams SARL et Scriptofilm SAL.

Jay Dreams propose des études de scénario, financement et marketing pour les films de la région MENA et la possibilité d'être un agent qui relie les talents aux professionnels dans le monde arabe mais aussi à l'international, surtout qu'il n'existe pas d'agents dans la région et que les films ont besoin d'être représentés. Quant à Scriptofilm SAL, cette start-up est un marché du film en ligne qui lie les talents aux professionnels et leur permet de travailler sur des échanges, des possibilités de collaboration en termes de coproduction, financement et distribution de films d'une façon automatique. Le but étant d'intégrer Jay Dreams dans Scriptofilm. Pour en conclure, le secteur privé représente un moteur de croissance économique et de création d'emplois essentiel pour le développement du cinéma. De plus, les entreprises ont un rôle central et une responsabilité dans la création de projets et de richesse.

Ainsi, il est essentiel que le secteur privé parle d'une voix forte et unie pour promouvoir l'importance de l'économie dans les plans nationaux de développement du cinéma libanais.

3.1 Le passage de la distribution traditionnelle à la distribution automatique

La distribution traditionnelle consiste à obtenir les droits d'un film sur un territoire limité géographiquement, afin de l'exploiter dans des salles de cinéma et / ou à la télévision pour un nombre de copies précis. Toutefois, de nos jours, cette dernière est radicalement minée par la nouvelle distribution, rendue possible grâce à la technologie. En effet, la distribution des années 1990 ne peut rester la même depuis l'émergence des plateformes VOD qui ont complètement changé la règle du jeu et qui ont perturbé la chronologie des médias. Actuellement, le film ne dépend plus de son marché local, mais du marché universel. Il voyage à travers le monde et trouve son audience dans des pays inattendus. Un exemple notable est le film de Nadine Labaki *Capharnaüm*, qui a eu du succès en Chine. Nous avons par ailleurs présenté cette hypothèse à un producteur libanais lors de notre étude qualitative, mais celui-ci l'a rejetée. Toutefois, le résultat au box-office des films libanais et d'autres films de différentes nationalités, comme *Parasite* du réalisateur coréen Bong Joon-ho, a remis ce sujet au goût du jour. De ce fait, un nouvel environnement de circulation des films est officiellement né, comprenant cette fois, non pas un seul, mais de nombreux circuits et différentes sources de revenus. Car un film est un produit culturel universel qui peut être apprécié par un public inattendu, à condition de le rendre disponible à ce dernier, d'où l'importance des nouvelles technologies qui permettent de connecter les parties ensemble.

Si nous comparons l'industrie du cinéma à d'autres industries comme celles des médias, des journaux, des livres et des magazines, nous remarquons qu'elles sont toutes passées à l'automatisation, y compris la musique. Netflix par exemple a distribué en 1997 des DVD, avant de passer en 2007 à la VOD. Dans tous les exemples évoqués, cette transformation a eu lieu au fil des années de manière continue et calme.

Seuls les professionnels traditionnels ont vécu ce changement comme un chaos. Néanmoins, tout changement est primordial pour l'avancement d'une industrie. Et tout avancement provient d'un besoin qui, lui, émerge d'un problème à résoudre. L'avènement de la VOD est justifiable par le besoin de dépasser la distribution lente des DVDs. Aujourd'hui, en 2020, Netflix a atteint les 182 millions abonnements dans le monde. En outre, l'investissement, lui aussi, est passé du manuel à l'automatique avec le financement participatif ou le « crowdfunding ». Ce système donne la possibilité à n'importe quel individu ou à n'importe quelle compagnie d'investir un petit ou un grand montant dans un projet de film. Le « crowdfunding » permet également, et ceci n'est pas négligeable, aux cinéastes et producteurs d'engager le public dès le début du projet. Vincent Ricordeau explique cette notion en détails dans son livre *Crowdfunding : le financement participatif bouscule l'économie ! Pour libérer la créativité.* Cette nouvelle approche du financement a bénéficié à de nombreux projets sur des plateformes comme Indiegogo et Kickstarter. Cette dernière a été utilisée par les réalisateurs Rob Thomas, Zack Braff, et Spike Lee. Parmi les projets bénéficiant du crowdfunding le documentaire *Knock Down the House* de Rachel Lears a obtenu approximativement 25 000 euros et a été vendu à Netflix pour 10 millions de dollars. Il est donc temps qu'un changement dans l'industrie du cinéma opère.

3.1.1 Les bases de données pour la création du contenu local

Tout contenu est interprété, par le cerveau, en tant que données à mémoriser et à analyser. Toutefois, celles qui contiennent une haute valeur fournissent plus que des connaissances, elles donnent un aperçu, et une perspective. La narration des informations permet d'extraire et de communiquer des résultats, qui permettent de créer des histoires convaincantes. De même, l'interprétation et l'analyse des données relatives aux spectateurs aident l'industrie cinématographique locale à prendre de décisions concernant le contenu promu. Nous parlons d'apprentissage automatique. En d'autres termes, la société recueille des données auprès des téléspectateurs en traçant les choix narratifs qu'ils ont effectués pendant une durée donnée. Cette activité alimente les efforts de suivi que la société utilise pour prendre des décisions de programmation, afin de mieux personnaliser la promotion auprès de chaque abonné.

Il est important que le Liban puisse avoir ses propres mégadonnées bien étudiées, afin de pouvoir spécifier ses approches, et arriver à offrir son propre contenu original, et ce, dans le but de contrôler son marché afin de rivaliser avec les sources extérieures, même si ces dernières sont puissantes. De toute évidence, il est difficile de se battre contre les géants mondiaux de consommation à domicile, Netflix, HBO et Amazon qui, ont des clients fidèles dans de nombreux marchés. Ils sont de plus en plus répandus dans le « monde arabe » et arrivent à intéresser les spectateurs actifs qui vont au cinéma et les spectateurs occasionnels non satisfaits des films commerciaux sortis en salles. De plus, pour arriver à attirer le public local de chaque pays arabe, ces plateformes ont réalisé la nécessité de respecter leurs cultures distinctes. Pour cette raison, elles cherchent à intégrer parmi leurs films certains éléments qui proviennent et/ou représentent les pays dans lesquels elles sont le plus consommées.

Ainsi s'explique leur intérêt à produire un contenu local avec des acteurs nationaux. Ces derniers, par leur présence et leur participation, sont les représentants des spécificités et des fortes singularités de leur pays. Ainsi, l'intégration de la culture arabe dans les programmes des plateformes américaines dans la région MENA attire plus de spectateurs. Partant de ce constat, il est important que le Liban puisse produire au moins une partie de ce contenu. Par conséquent, il faut que le Liban sache mettre en valeur la production locale, afin de mieux la distribuer. Les sociétés de production libanaises doivent ainsi se focaliser sur des études de marché, les données de la plateforme VOD libanaise Cinemoz et celles des chaînes de télévisions locales qu'elles doivent nécessairement partager, afin de créer un contenu qui puisse, en premier lieu, attirer leurs spectateurs et ceux de la région, et ensuite être distribué ou vendu aux géants de la VOD. Ces derniers ne sont pas des experts de tous les marchés. Pour pouvoir rivaliser avec eux, l'industrie cinématographique libanaise doit maîtriser son contenu, ce qui permet également un élargissement du public cible. L'enjeu reste de réussir à proposer un contenu bien étudié et de le proposer à la bonne personne et au bon moment.

Concrètement, une fois que les données recueillies concernant la consommation des films et des séries se précisent, notamment en fonction du genre, et que la classification des goûts est bien étudiée, il devient possible de créer des films qui correspondent à 70 % de la demande. Comme nous l'avons mentionné, il est important de créer un cinéma de l'offre et de la demande. De plus, les données permettent d'évaluer le succès qu'un film peut avoir au regard des récentes sorties de films similaires, et ceci en comparant plusieurs éléments comme le genre, les acteurs, la maison de production, la compagnie de distribution, le nombre de copies en salles, le territoire, le nom de l'auteur, le nom du réalisateur, la date de sortie, et d'autres données.

Le but est d'utiliser ces données pour la création d'un contenu qui puisse trouver son audience sans heurt. Mettre la science au service du cinéma ne doit pas être rejeté par les professionnels libanais, car celle-ci peut contribuer à la croissance économique du cinéma qui peut alimenter par la suite le financement des films d'art et d'essai.

3.2 L'implantation de la technologie en salles pour les cinémas d'art et d'essai

Même si certains considèrent que les nouvelles technologies ont perturbé le marché, celles-ci n'ont tout de même pas pu remplacer le cinéma, dont le but dépasse le simple fait de regarder un film. Le cinéma est intrinsèquement lié à l'acte moteur de sortir de chez soi, pour découvrir un film avec un public inattendu et vivre une expérience unique. L'idée de partager avec autrui un moment exceptionnel attire les spectateurs. Toutefois, le choix de sortir est un des problèmes qu'il faut remettre en question. Ce dernier, comme nous l'avons vu dans l'analyse quantitative, est lié à l'implantation de la salle (son lieu par rapport à la résidence du spectateur potentiel) et à l'énergie de la personne (qui dépend largement de son âge). La simple idée de sortir de chez soi engendre des images liées à l'expérience : utiliser le transport pour arriver à destination, rencontrer d'autres personnes, choisir un film et partager un temps avec d'autres spectateurs inconnus en salle.

Par conséquent, l'envie de sortir grandit, surtout lorsque l'offre proposée en salle est inexistante chez soi ou que l'expérience est unique, mais aussi lorsque le cinéma est lié à d'autres loisirs comme la restauration, une exposition d'artistes, un endroit calme pour consulter des ouvrages, etc. La pluralité des offres culturelles encourage leurs pratiques. Ainsi, il faut travailler davantage ce côté dans l'industrie cinématographique libanaise.

Ceci dans le but de proposer une salle exceptionnelle en contenu et en forme. Un exemple peut être une salle d'art et d'essai ultramoderne. Car la connexion établie entre le public et les lieux de spectacle détermine la durée et la force de vie de ces lieux. Cette relation immédiate entretenue avec le public, propre à cette partie de la chaîne de valeur, exige le recours à de nouvelles formes d'innovations. Il est donc nécessaire de trouver de nouveaux moyens pour éveiller la curiosité des consommateurs : si certains ne sont que des visiteurs occasionnels qu'il faut transformer en public régulier et engagé, d'autres n'ont, jusque-là, pas été exposés à la culture. Ce dernier aspect, souvent non pris en considération, concerne en réalité un large groupe. Les innovations permettant d'attirer une nouvelle audience curieuse, de fidéliser celle qui existe et de rendre les lieux de spectacle plus intéressants, sont la clef pour un développement majeur du cinéma d'art et d'essai au Liban.

De plus, nous ciblons les jeunes qui forment la génération future. Nous avons déjà mentionné, d'un côté, les écoles qui doivent jouer leur rôle en assurant des séances cinématographiques au sein de leur établissement et de l'autre, les festivals de films et autres évènements, destinés aux et / ou programmés par des jeunes. Ces initiatives peuvent s'ajouter à la technologie pour donner envie aux spectateurs d'aller en salles et regarder des films d'art et d'essai.

Ainsi, il est préconisé qu'au moins une salle d'art et d'essai soit dirigée par l'État, et qu'elle offre un contenu original des festivals internationaux et un concept interactif. Elle doit s'investir de manière plus conséquente dans les nouvelles technologies (Imax, 4D, etc.) et implanter de nouveaux services avancés, comme les séances questions-réponses avec de grandes vedettes en hologramme, permettant de créer une atmosphère de discussion ouverte et engagée. De plus, la programmation doit inclure des activités supplémentaires comme les jeux vidéo en 4D dédiés au cinéma et les réalités virtuelles et augmentées VR / AR inspirés des films, afin d'enrichir le concept de la salle. Les entrepreneurs ont donc une nouvelle piste pour créer des projets en lien avec le cinéma d'art et d'essai dans le but de faire découvrir ce cinéma et de fidéliser le jeune public. Ici il s'agit d'un cinéma de l'offre, essentiel pour cultiver l'identité culturelle de la future génération du Liban. Nous proposons aussi d'autres solutions pour renforcer le lien entre les multiplexes et les spectateurs actifs et occasionnels, dans le but d'augmenter les entrées en salle, et créer un cercle vertueux dont tous les fondamentaux sont sains.

3.2.1 Des applications pour le choix des films par les spectateurs

Les ventes à l'étranger font partie de la distribution traditionnelle, les marchés étant le lieu de rencontre de l'industrie cinématographique internationale où un grand nombre de distributeurs et d'agents se retrouvent pour acheter et vendre des films. Cette activité demande un investissement de la part des deux parties. Pour un distributeur, il s'agit d'investir un capital, un minimum garanti, pour acquérir les droits d'un film, afin de le distribuer et de partager les recettes avec l'exploitant et le producteur. Quant à l'agent, il investit son temps, son énergie et un capital pour voyager, trouver des talents dans des festivals, et participer aux marchés de films pour vendre les projets. Les deux passent une bonne partie de leur temps dans les avions. Il est important de noter qu'en 2020, l'acquisition de projets est devenue plus complexe avec l'apparition des films indépendants sur le marché et la manifestation de nouveaux talents dans de nombreux pays. Cependant, les ventes se déroulent toujours de façon traditionnelle à différentes périodes de l'année (novembre pour le marché américain AFM, février pour le marché de Berlin EFM, mai pour le marché de Cannes).

Toutefois, avec l'émergence des nouvelles technologies, il nous paraît primordial de donner plus de liberté au public de choisir lui-même ses propres films. Cette idée est confirmée par notre étude quantitative qui a prouvé qu'il existe un intérêt de la part du public d'utiliser une application qui lui permet de sélectionner les films qui l'intéresse.

Pour élaborer davantage cette proposition, nous suggérons que tous les efforts faits par les salles du cinéma soient complétés par le rôle central des smartphones et des mégadonnées. Le public de demain est de plus en plus connecté grâce aux outils de communication numérique, d'où la nécessité que la salle du demain puisse elle aussi maîtriser et utiliser ces nouveaux outils pour simplifier le parcours du spectateur et le choix des films par l'exploitant. En effet, il est nécessaire de développer une formation aux nouvelles technologies pour que les vendeurs apprennent à maîtriser et à tirer profit des nouvelles techniques telles que la distribution numérique spécialisée. La communication de masse, qui envoie les mêmes informations au même moment à tout le monde, disparaît au profit de la communication de plus en plus personnalisée qui s'appuie sur les goûts, l'humeur, le lieu et les disponibilités du client. L'application peut ainsi catégoriser le public automatiquement en fonction de ses choix. Certaines sociétés ont développé une expertise dans le domaine de l'utilisation des données des spectateurs collectées à partir des logiciels et des réseaux sociaux. Cette prestation intéresse à la fois les dirigeants de salles de cinéma et de la télévision. Ces données, mises à la disposition des exploitants, permettent l'analyse des comportements des spectateurs et de l'évolution de la fréquentation d'un film par rapport à son genre, par exemple.

La connaissance approfondie du comportement des spectateurs est mise au service de la campagne marketing, disposant d'un moyen de communication plus direct et efficace avec, non seulement le public en général, mais aussi et surtout les spectateurs potentiellement les plus intéressés par un certain film. Ainsi, un lien direct peut être établi entre l'offre et la demande, ce qui permet de s'adresser aux clients plus simplement et de manière plus rapide. D'un côté, une personnalisation de la communication peut être mise en place en fonction du profil de chaque personne, et de l'autre, il devient possible de mettre en valeur les spécificités de chaque programme et d'expliciter son identité. Nous avons également constaté que la jeune génération est attirée par tout ce qui est numérique. Ainsi, en misant sur les innovations technologiques, les salles de cinéma qui souffrent d'une baisse de fréquentation peuvent développer un lien plus fort avec leurs clients. Ces derniers sont alors davantage engagés grâce au contenu qui correspond plus directement à leur demande. L'auto-distribution est subséquemment le futur du cinéma.

Avec l'émergence des plateformes de VOD et le libre choix que ces dernières ont offert aux spectateurs, il devient primordial de créer une possibilité similaire pour le cinéma. Les exploitants de salles vont bientôt être obligés de laisser la liberté aux spectateurs de choisir leurs propres films.

3.2.2 Une programmation participative

Un autre moyen pour encourager la consommation de films en salle peut être la création d'un nouveau concept et son adaptation au Liban comme une programmation participative pour le cinéma. Cette structure permet de choisir un film et de vendre des entrées via son réseau : s'il y a un public suffisant, la séance peut avoir lieu. Ce système est bénéfique pour ceux qui souhaitent s'auto-distribuer. Il propose aux spectateurs un film pour la soirée et leur demandent de voter en ligne. Ce système peut être mis en place dans le cadre d'un cinéma en plein air au Liban, avec comme but la participation du public dans les choix de programmation, ce qui favorise la notion d'engagement continu du public dans le cinéma. Un autre concept qui peut être adapté au Liban est le Secret Cinema, qui a connu un grand succès à Londres. Ce concept se fonde sur la notion de surprise. Les spectateurs achètent leur ticket en ligne pour regarder un film. Toutefois, le lieu et le décor restent secrets. Les spectateurs découvrent à chaque fois un lieu mystérieux pour transposer le monde de *Moulin Rouge*, *Harry Potter* ou même *Le Trône de fer*. Derrière ce spectacle se cache tout un travail préparatif numérique. Une invitation est envoyée à l'approche de la date aux personnes inscrites. Cette invitation est accompagnée d'une connexion qui envoie les spectateurs à un site web dédié à l'évènement, dans lequel ils ont accès à une partie de l'histoire, ainsi qu'aux détails du lieu secret, de l'identité, de la mission et du code vestimentaire recommandé pour la soirée.

Une autre initiative a eu lieu en France : I like Cinema. Cette dernière a fermé ses portes, étant donné qu'il y existe déjà de nombreuses salles de cinéma dédiées au cinéma indépendant. Toutefois, elle peut être adaptée au Liban. Il s'agit d'une nouvelle approche qui met en valeur le cinéma de la demande. Les spectateurs choisissent le film qui leur convient. Si un grand nombre choisit le même film, une nouvelle séance est ouverte à ces derniers. Cette plateforme refuse les films imposés à l'affiche et offre aux spectateurs de voir ou revoir sur grand écran des films en dehors de leur période habituelle d'exploitation. I Like Cinema met donc en valeur la demande et l'envie des cinéphiles plutôt que celles du marché économique. Comme les spectateurs actifs au Liban sont jeunes et qu'ils sont attirés par la nouveauté, ces concepts peuvent les intéresser. Par exemple, il devient possible de projeter leurs séries favorites en salle. Lorsque le spectateur est convaincu par le contenu, il est prêt à se déplacer. Ainsi, la consommation de films en salle augmente.

3.3 Un algorithme calculant le prix du ticket et les offres en ligne

Afin d'attirer les spectateurs à consommer plus de films en salle, il est nécessaire que les prix soient bien ajustés. Nous proposons l'implémentation d'un algorithme calculant le prix du ticket, afin que l'offre et la demande s'assemblent. Cette tarification dynamique des billets est une méthode qui fonctionne dépendamment du produit et de sa consommation. Elle a été appliquée dans la gestion d'évènements (comme les concerts), par les compagnies aériennes, les sites des hôtels et le commerce électronique. Appliquer cette méthode dans l'industrie du cinéma est simple. Il n'est pas question d'adopter ce système dans tous les pays, mais simplement là où réside un vrai problème de concurrence avec le cinéma étranger. Par exemple, le Liban, qui souffre de la dominance cinématographique américaine, peut profiter de cette technologie. En effet, si un film d'auteur ne se vend pas comme prévu, les prix des billets sont automatiquement réduits au-dessous du prix d'origine. De même, si un film commercial est très demandé, les prix des billets augmentent. Il s'agit du « Smart Pricing ». Au Liban, un billet coûte approximativement 12 000 LL (environ 7 euros). Si un film réalise moins de 100 000 entrées, le tarif peut être réduit à 10 000 LL (environ 6 euros), s'il réalise plus de 200 000 entrées, son prix peut augmenter à 14 000 LL (environ 8 euros), et s'il est aux alentours de 300 000 entrées, il peut même atteindre 16 000 LL (9 euros). Il faut tout d'abord tester le concept sur quelques sites pilotes, puis, progressivement étendre les tests à plus de marchés. Ce concept, proposé par la compagnie de technologie Dynamitick, a été bénéfique en Italie. Utilisé dans environ 150 salles de cinéma, elles ont été témoins d'une augmentation de ventes des billets (13,75 %) et donc des revenus (10,32 %) en une année. Ce concept doit voir le jour au Liban, car il peut rapporter des gains à la caisse du fonds national. D'autres paramètres peuvent être pris en considération par cet algorithme.

Comme le coût de production du film, les notes attribuées par les critiques, ou encore les résultats des visites de la semaine précédente. Le but de cette variation de prix est d'assurer davantage de revenus lors des pics de fréquentation et lors des périodes creuses. Même si un tel changement affecte les décisions économiques liées au prix du ticket, il a le potentiel de contribuer à fortifier le secteur du cinéma au Liban. Par exemple les tickets des blockbusters doivent être plus chers que les tickets des films libanais.

3.3.1 Un système automatique par région

L'algorithme peut être utilisé pour ajuster le prix par région. En effet, la qualité de vie n'est pas identique dans toutes les communes du Liban.

Le pouvoir d'achat, les soins de santé, le coût de la vie, les temps de trajet en transport ou en voiture, le prix de l'immobilier par rapport au revenu, pour ne citer qu'eux, diffèrent d'une région à une autre. Certains habitants peuvent se permettre d'aller au cinéma deux fois par semaine, tandis que d'autres ne peuvent le faire qu'une fois par semaine, ou par mois, et d'autres moins encore. Il est donc nécessaire d'adopter les prix des tickets aux différentes régions, des plus riches aux plus pauvres (Beyrouth, Dbayeh, Jounieh, Bekaa, Tripoli). Pour donner un exemple, un billet de cinéma peut coûter 10 000 LL (environ 6 euros) à Tripoli, Taanayel et Saida, et 12 000 LL (environ 7 euros) à Beirut et Dbayeh. Toutefois, les prix doivent être calculés automatiquement par lieu de résidence et plus spécifiquement par groupe de quartiers, car au sein d'une même région, la qualité de vie diffère largement. Le prix des tickets et les offres peuvent varier durant l'année, en s'adaptant à la situation économique et aux saisons. Par exemple, les tarifs doivent être cohérents en fonction des périodes creuses, comme le mois d'août, ou à l'inverse, des périodes festives, comme celles des fêtes de Noël. De même, ils doivent s'adapter au type de salles de cinéma multiplexes ou art et essai. Ces décisions doivent être prises en fonction d'un algorithme qui s'appuie notamment sur l'offre et la demande, en envisageant une augmentation aux heures de pointe.

Enfin, l'offre et la demande dans le monde du cinéma ont été étudiées dès la création des salles de cinéma, en s'appuyant sur le modèle économique de l'offre et la demande de places. Depuis, elles n'ont pas été considérablement modifiées. Toutefois, de nos jours, ce modèle économique ne peut pas fonctionner dans les petits pays qui ont un marché restreint et des entrées limitées. Même si le cinéma est un bien culturel, c'est également un produit industriel qui doit générer des revenus pour exister sur le marché. Sa nature fait qu'il ne s'agit pas d'un produit individuel, puisqu'il se consomme en masse. À ce titre, tous les films ne peuvent être vendus au même prix lorsqu'il s'agit d'un billet, puisque le produit n'est pas le même. Ce prix peut donc être calculé en fonction du coût de production. Si les billets pour les films commerciaux des studios américains sont amplement plus chers que ceux pour les films indépendants locaux, alors la consommation de ces derniers diminue automatiquement. Car, rappelons-le, le pouvoir d'achat est limité au Liban. Ce système peut donc contribuer à l'enrichissement du cinéma national même si une telle loi de protectionnisme paraît assez agressive. En d'autres termes, il est en réalité question de considérer le cinéma étranger comme un produit de consommation international, importé, qui doit être naturellement plus cher, et ainsi moins consommé au Liban. Dans ce cas précis, l'algorithme doit être en mesure de proposer des tarifs aux studios, dont le but est de gagner au moins la même somme qu'initialement prévue, même s'ils attirent moins de spectateurs.

Ceci permet au Liban de cultiver et préserver l'identité culturelle de ses citoyens. Une étude sur le Liban doit être effectuée, afin de tester ce système sur une longue durée avant de l'appliquer.

3.3.2 Les offres sur les billets électroniques

En ce qui concerne le prix des billets, nous proposons également d'autres stratégies plus douces. Il est possible de créer des sites de cinéma spécialisés qui offrent des tickets en grand nombre, afin de réduire le prix par spectateur. Pour donner quelques exemples concrets, au lieu de dépenser 7 € pour un seul billet, un spectateur qui en achète plusieurs peut bénéficier d'une réduction de 1 € par billet. Un autre exemple peut être de proposer que chaque premier lundi du mois, les prix des billets soient réduits. De plus, si un spectateur accompagne cinq autres personnes de sa famille ou de ses amis au cinéma, son ticket est remboursé. De plus, il est possible d'avoir au Liban des sites qui peuvent offrir des billets à tarif réduits, ceci à condition que les spectateurs s'abonnent aux sites concernés. Ainsi, les fondateurs bénéficient mensuellement des achats de leurs abonnés, ou bien d'un pourcentage gagné sur chaque vente selon un accord signé avec les exploitants des salles.

Une autre proposition peut être celle des cartes « offres spéciales » des magasins qui permettent d'obtenir des places à un prix plus bas. Les spectateurs peuvent ainsi payer moins pour voir plus. De même, les exploitants eux-mêmes peuvent proposer des offres de réduction sur les prix des billets de films nationaux ayant peu d'entrées, pour encourager le secteur. De plus, les compagnies de télécom comme ALFA et MTC au Liban peuvent offrir à leurs clients des formules de type : avec chaque forfait acheté, un ticket de cinéma offert. L'importance est de toucher le plus grand nombre de spectateurs. Par ailleurs, lorsqu'un cinéphile s'abonne à une application ou à un site cinéma, il y renseigne ses informations personnelles, comme son anniversaire. La salle peut également offrir un ticket gratuit à la personne concernée, à utiliser n'importe quel jour de ce mois, à condition qu'elle soit accompagnée. Ainsi, le spectateur fidèle obtient deux places pour le prix d'une seule, tandis que l'exploitant vend un billet.

Il faut également mettre en place des cartes illimitées au Liban et passer du système « pay per view », équivalent du concept de « payer sa place », au système « pay per rate » équivalent du concept de « payement par mois », qui est déjà appliqué par les plateformes de vidéo. Ces cartes permettent de voir autant de films que le spectateur le souhaite et donnent également accès aux avant-premières. Ces dernières doivent être dédiées en priorité, voire exclusivement, au cinéma libanais. Il est possible de proposer une carte à 21 euros par trimestre, soit 7 euros par mois, pour regarder autant de films libanais désirés.

Cette carte a comme cible le spectateur type libanais qui, en règle générale, dépense déjà cette somme puisqu'il va une fois par mois en salles et que le billet coûte en moyenne 7 €. Environ deux films libanais sortent par mois, ce qui fait qu'avec cette offre, le spectateur peut regarder le double de films pour le même prix, et ce, sans nuire aux exploitants. Si le spectateur consomme 4 ou 5 films par trimestre, le prix du ticket par séance devient inférieur à la normale, répondant à la demande des spectateurs occasionnels qui vont moins de cinq fois par an au cinéma et qui désirent que le billet coûte 5 euros. Cette offre encourage grandement la consommation culturelle des films nationaux et bénéficie à la fois aux spectateurs et aux exploitants qui profitent ainsi de l'augmentation du taux de fréquentation. Par la suite, il devient possible de revoir à la hausse le prix de cet abonnement. Enfin, réduire le prix du billet pour des évènements spéciaux ou suggérer l'achat d'une seule accréditation à un prix convenable qui couvre tous les jours de l'évènement dans le cas d'un festival par exemple, encourage les personnes intéressées à y participer. De ce fait, il est possible de proposer un billet à 20 euros incluant les premières, les rencontres avec les artistes et le droit d'assister aux soirées de films. De plus, le prix du billet doit être réduit pour ceux qui l'achètent à l'avance.

Certaines salles doivent également proposer des programmes de films spéciaux pour les enfants sous forme de festival. Bien que les films soient adaptés aux enfants, le prix peut être le même pour les clients de tous les âges, de façon que les parents puissent accompagner leurs enfants sans devoir payer un tarif élevé. Un tarif de 5 euros semble raisonnable.

3.4 Jay Dreams SARL une agence de consultation de films

Dans le cadre de ce travail, et tout au long des années d'études, nous avons constaté qu'il existe un problème majeur qui freine le développement du cinéma. En dehors des propositions suggérées dans ce chapitre, nous avons effectué de nombreux essais concrets pour trouver des solutions permettant de promouvoir, non seulement le cinéma libanais, mais aussi celui des pays du monde arabe. Par nature, la chaîne économique est assez complexe. Elle impose des barrières qui sont assez élevées pour les talents et les producteurs émergents des pays arabes. Ces derniers sont supposés développer, produire, financer et distribuer leurs films, tout en étant à la hauteur des attentes du marché international, qui rivalise avec eux. Toutefois, ils ont du mal à réaliser leurs projets, parce qu'il n'existe pas assez d'experts et de spécialistes dans la région, presque aucun agent, et très peu d'investisseurs et de distributeurs professionnels, d'où la difficulté de pénétrer le marché.

C'est pourquoi la compagnie Jay Dreams a été créée, en tant que tentative pour combler ce fossé. Son objectif est de soutenir et encourager les talents et les producteurs émergents, en proposant aux cinéastes des études et des statistiques professionnelles, qui leur permettent d'augmenter le taux de réussite de leur film ou de leur série.

Pour ce faire, nous avons rassemblé un réseau de 300 consultants et experts internationaux, ayant une vaste expérience dans l'industrie du cinéma, de la télévision et de la diffusion en ligne, dans des entreprises locales et internationales. Les spécialistes sélectionnés viennent de pays différents, leurs origines sont diverses ainsi que leur âge. Tous ont accompli leurs études dans des universités prestigieuses comme l'Université de la Californie, l'Université de Concordia ou encore l'Université de Columbia. Certains sont spécialistes en contenu de films et de séries, d'autres sont présidents de gestion du financement de longs-métrages, ou encore directeurs marketing et de distribution. Après avoir été contactés, ils ont accepté de collaborer avec Jay Dreams à temps partiel, par exemple en étudiant le contenu des scénarios et des films, activités que nous élaborons un peu plus tard. En ce sens, afin de pouvoir attaquer le marché, Jay Dreams, agence de conseil en cinéma, a été enregistrée officiellement au Liban en 2018. Ainsi, c'est grâce à ce travail que nous avons décidé de nous lancer dans le monde des affaires, tout en espérant que cette solution puisse œuvrer à la production de films et séries de qualité dans la région.

De nos jours, en 2020, la compagnie propose aux scénaristes, réalisateurs et aux producteurs émergents de l'industrie du divertissement des pays arabes : des études analytiques en termes de scénario, financement et marketing, mais aussi des offres d'agents pour représenter les projets dans les marchés internationaux, comme, par exemple, le marché américain (AFM), le marché de Berlin (EFM) et le marché de Cannes. En d'autres mots, nous mettons en relation les talents ou producteurs émergents avec des producteurs, investisseurs et distributeurs internationaux, afin que leur projet soit exécuté dans de bonnes conditions et avec les meilleurs spécialistes. Le but est par là de résoudre les problèmes de « networking » auxquels font face les talents de la région MENA, en leur offrant un réseau international. La base de données que nous avons collectée en deux ans couvre 1 700 professionnels dans plus de 30 pays, rassemblant producteurs, investisseurs, distributeurs et acheteurs (cinéma, télévision, VOD), dont les États-Unis, l'Europe et le Monde Arabe.

Afin de garantir le succès de ce nouveau concept, et pour arriver à soutenir un grand nombre de talents, il nous a paru primordial de signer des accords de partenariat amicaux avec l'étranger, sans se limiter à un pays précis.

Parmi ces ententes, nous notons : le Canada, l'Australie, la Colombie, la Russie, etc. De plus, pour créer un circuit rapide, qui puisse engendrer un travail industriel culturel, une équipe de quatre professionnels (de la Belgique, de la France, du Royaume-Uni et de l'Allemagne) a rejoint Jay Dreams et le site web a été restructuré. Les membres mentionnés sont des professionnels du domaine en scénario, financement, marketing et estimation de vente de projet[2]. À ce jour, l'entreprise est capable de recevoir un grand nombre de projets suivis par l'équipe en premier lieu puis, distribués aux consultants.

Il est nécessaire aussi de mentionner que le modèle économique de Jay Dreams consiste en un service de ventes et des frais d'agent. Cette agence de consultation aide les talents et promeut leur travail. De plus, il est important de noter que ce système peut être implémenté comme un modèle d'évaluation de films pour un projet de fonds privé pour la banque centrale, les banques commerciales, les banques privées comme la FFA, et même encore pour le fonds de Walid Mansour. La Fondation Liban Cinéma et Mansour nous ont sollicité afin de leur expliquer le mode de fonctionnement de Jay Dreams, pour une éventuelle collaboration. À ce jour, nous avons consulté plus de 60 projets et nous avons représenté les talents dans des marchés internationaux.

De ce fait, il est possible de conclure que nous avons pu trouver une solution concrète qui permet de résoudre en quelque sorte le problème des talents et des professionnels de l'industrie cinématographique de la région. Les clients arabes (Liban, Maroc, Égypte…) nous ont informés qu'ils sont satisfaits et ont écrit des commentaires positifs qui ont été partagés sur le site web de Jay Dreams, pour encourager d'autres talents à nous contacter. Ce qui explique que ce concept ait pu surmonter ses limitations géographiques en devenant un service international pour les indépendants.

3.4.1 Des études analytiques au niveau du scénario, financement et marketing

Les études analytiques appliquées sur les projets ont été créées par Jay Dreams en suivant une nouvelle approche technique validée par des experts du secteur cinématographique. Comme David Pope, scénariste consultant avec plus de 20 ans d'expérience à Rotterdam, Michael Khoury, producteur financier qui travaille avec les studios tel Universal, et Colin Brown, analyste marketing à l'Université de New York. Ils nous ont assuré que notre travail permet d'obtenir des résultats viables.

---

[2] www.jaydreams.net

Il nous a paru judicieux d'ajouter une description du processus d'évaluation des projets, menant à leur fortification, tout en partageant des échantillons pour donner une idée concrète du travail qui a été envisagé.

1. Jay Dreams : Échantillon de la première étude de scénario

jaydreams

FILMMAKING WITH A NEW MINDSET

Coverage Evaluation	Great	Good	Fair	Poor	N/A
Originality					
The ideas and treatment stand out		4			
Structure					
Subplots are integrated into the main plot		4			
The setup clearly establishes the film's tone and purpose		4			
Every scene is relevant / supports the plot	5				
Scene transitions are suitable and subtle		4			
The climax of the film is worth waiting for	5				
The inciting incident is strong enough to drive the plot	5				
There is dramatic building & releasing of tension	5				
Characters					
Protagonist has clearly defined internal / external goals	5				
Strong antagonistic force pushing against protagonist	5				
Protagonist has a clearly defined character arc (change)		4			
Supporting characters add value to the story		4			
Protagonist is 3 dimensional and flawed		4			
Characters have different ideologies / beliefs			3		
Characters have well developed backstories and are complex			3		
Antagonist has clearly defined objectives / motivation		4			
Dialogue					
Each character has their own unique voice					
The dialog is clear and not too wordy					
Pacing					
Each scene propels us to the next		4			
Writing Style					
The script is clear and its syntax is correct	5				
Total Points (/100)					

En premier lieu, les experts en écriture et critiques cinématographiques analysent de manière globale la proposition reçue en remplissant une grille d'évaluation avec un système de notation, puis produisent un rapport de deux pages, relatif à la structure, aux personnages, au dialogue, et à d'autres éléments. Chaque catégorie se subdivise en sous-catégories à évaluer, par exemple : le protagoniste a un but bien déterminé, les personnages ont un passé assez développé.

Dans un second lieu, les spécialistes analysent le projet plus en détail, relèvent les problèmes majeurs liés aux différents actes, aux fils conducteurs, aux dénouements, dans le but de rédiger un rapport de dix pages à partir du scénario. Enfin, les script-docteurs travaillent sur le dossier en proposant des solutions concrètes. Ainsi, le scénariste peut voir les propositions écrites dans son scénario. Deux semaines après l'envoi des documents au scénariste, une session de trois heures est proposée.

Cette session de consultation a comme but de discuter de l'évaluation, de l'analyse et des solutions possibles pour renforcer le contenu et arriver à un scénario riche. En effet, étant donné qu'au Liban et dans le monde arabe il existe peu d'universités qui offrent des études de scénario, les talents peuvent profiter de ces services de conseil pour maximiser leur potentiel. Ainsi, cette solution permet aussi d'offrir indirectement une éducation à l'écriture scénaristique, qui n'existe toujours pas de nos jours au Liban.

2. Jay Dreams : Échantillon de la première étude de financement

Financial Funding Study	
SCRIPT	[illegible]
COPRODUCTIONS	[illegible]
MOVIE	[illegible]
COUNTRY	[illegible]
LOGLINE	[illegible]
STRATEGY	[illegible]

Country / Region		Deadline	Funding Information	Contact	Eligibility	Requirements
LOCAL FUNDING						
Lebanon	[illegible]	[illegible]	[illegible]	[illegible]	[illegible]	[illegible]
INTERNATIONAL FUNDING						
MENA	[illegible]	[illegible]	[illegible]	[illegible]	[illegible]	[illegible]
	[illegible]	[illegible]	[illegible]	[illegible]		
	[illegible]	[illegible]	[illegible]	[illegible]	[illegible]	[illegible]
	[illegible]	[illegible]	[illegible]	[illegible]	[illegible]	[illegible]
	[illegible]	[illegible]	[illegible]	[illegible]	[illegible]	[illegible]

	NETHERLANDS :					
	The [illegible] Film Fund (Script and project development) [illegible]	1st March 2021	Development - Up to 10.000 Euros	https://[illegible]	Only eligible countries ([illegible])	[illegible]
	The [illegible] Film Fund (Script and project development) - [illegible]	1st April 2021	Development - Up to 10.000 Euros	https://[illegible]	Only eligible countries ([illegible])	Already established filmmakers
	The [illegible] Film Fund ([illegible] Production Scheme)	[illegible] March 2021	Production: Up to 25.000 Euros Post-production: Up to 30.000 Euros	TEL : +31 [illegible] EMAIL : [illegible] WEB : www.[illegible]	Dutch Production Company Attached	
	IDFA Bertha Fund (development)	10 November 2020	5000 Euros	Contact: [illegible]	IBF Country List	
	IDFA Bertha Fund (production & post)	10 December 2020	17.500 Euros	Contact: [illegible]	IBF Country List	
	IBF Europe International Co-production	21 April 2020	40 000 Euros	Contact: [illegible]	A co-production between one European and one non-European producer is required	
	[illegible]	At any moment	Co-production	EMAIL : [illegible]	[illegible]	
	ITALY :					
	[illegible] Co-production fund	April 2021	20 000 euros - [illegible]	[illegible]	One European and one non-European producer	The demand should be done by the european production company
	[illegible] Film Financing	January 2021	50% of the budget	[illegible]	Preference for someone looking for a European partner	Must have 20% of the budget secured
	UK :					
	[illegible] TV & Film [illegible]	31st January 2021	80 000 pounds	[illegible]	[illegible] Documentaries [illegible]	
	[illegible] Film [illegible]	[illegible] November 2020	[illegible]	[illegible]	Documentary [illegible]	Open [illegible]
	Sheffield Meet Market	[illegible] January 2021	[illegible] professionals [illegible]	[illegible]		
	TURKEY :					
	Meetings on the Bridge Film Development	Early 2020	Development Lab: [illegible]	[illegible]		
	SWITZERLAND :					
	Visions Sud Est	[illegible] February 2021	Post production for documentaries: 10 000 Swiss francs	[illegible]		Company from countries from Africa, Latin America and Asia
	Visions du réel - [illegible]	1st call : 15 November 2020 2nd call : 12 December 2020	Presenting a rough cut to expert [illegible]	[illegible]		
	Visions du réel - Docs in progress	1st call : 15 November 2020 2nd call : [illegible] December 2020	Finding suitable partners for a project [illegible]	[illegible]		
	Visions du réel - [illegible]	1st call : 15 November 2020 2nd call : 12 December 2020	[illegible] to professionals	[illegible]		

	EU - MEDIA - International co-production fund	No announcement for the moment	The maximum contribution is 700.000€, it cannot exceed 50% of the allocated budget	EMAIL : EACEA-MEDIA-COPROD-[illegible]@ec.europa.eu	European production company + non-european co-production	There must be a co-production between a company within a country participating in the Creative Europe MEDIA and a company in a non-european country
	Eurimages	14 January 2021	It can go up to 500.000€	[illegible]	European production company + non-european co-production - each country has their own [illegible]	There must be a co-production between at least two european countries
	GERMANY * consider regional funds once co-producer attached					
	The Franco-German [illegible]	November 2020	Development and Production subsidies - between 20.000 and 300.000 euros	[illegible] // Tel : +33 [illegible] Mail : [illegible]	German and French majority co-producers necessary	
	FFA Script fund	[illegible] per year	Offers grants between [illegible]	[illegible]	German co-producer	
	FFA National film fund	Once every 3 months	Production funding - Can go up to 1 000 000 euros	[illegible]	German co-producer	
	Regional funds: Berlin Brandenburg, [illegible], Hessen Filmfund, [illegible]	Once every 3 months usually	By percentage of the budget	[illegible]	German co-producer	Have a percentage of spending that needs to be more than the funding allocated
	World Cinema Fund - Africa	[illegible] 2021	Production fund : Up to 60 000 € - up to 50% of allocated budget	TEL : +49 30 [illegible] - EMAIL : [illegible] - WEB : https://www.berlinale.de/[illegible]	German co-production company or national production company	Should deal with the cultural identity of the [illegible] region and should contribute to the development of the local film industry
	FRANCE* consider funds once co-producer attached					
	Sunny Side of the Doc	April 2021	Pitching to professionals [illegible]	[illegible]	Open to [illegible]	
	[illegible]	[illegible]	Development : [illegible] euros Production : [illegible] euros Post-production: [illegible] euros [illegible]	[illegible]	Have [illegible]% of the budget [illegible]	
	Regional funds: 16 regions: [illegible]	Once every 3 months	Depending on the region it can go up to [illegible] euros	Depending on the region [illegible]	Have to spend in the region at least [illegible]% of the allocated budget or more	French co-producer required
	CNC - aide aux cinémas du monde	[illegible] November 2020	Production : up to [illegible] € Post-production : up to [illegible] € - Up to 50% of the allocated budget	TEL : +33 1 [illegible] EMAIL : [illegible]	French co-production company / producer [illegible]	French co-production required - At least [illegible]% of the allocated fund must be spent in French territory
	CNC - [illegible]	1 December 2020	[illegible]	EMAIL : [illegible]	French co-production company	[illegible]
	ARTE	[illegible] 2021	[illegible] euros co-production - [illegible] euros for TV rights [illegible]	[illegible]	[illegible] French co-producer [illegible]	
	BELGIUM * consider regional funds once co-producer attached					
EUROPE	[illegible] Script writing Support	3 times per year	Offers up to €[illegible]	[illegible]	[illegible]/Belgian co-producer	
	[illegible]	At any moment	Co-production through tax shelter, equity financing	[illegible]	Belgian co-production	
	[illegible]	At any moment	Financial co-production, through tax shelter deduction	[illegible]	Belgian co-production	
	Scope Pictures	At any moment	Financial co-production, through tax shelter deduction	[illegible]	Belgian co-production	
	[illegible]	At any moment	Co-production through tax shelter, equity financing	[illegible]	Belgian co-production	
	Tax Shelter (through [illegible])		[illegible]% of the Belgian eligible expenses	TEL : [illegible] EMAIL : [illegible] WEB : [illegible]	Belgian co-production	Must be spent in Belgium
	Economic funds (regional)	Several sessions per year	Up to [illegible]	WEB : www.[illegible]		

ASIA	CNAM Documentary Fund	July 2021	[illegible]		[illegible]	
	[illegible] Fund	Spring 2021	up to 40 000 $	[illegible]	For post production funding Open to international projects	
	[illegible] Project market	Opening July 2021	[illegible]	[illegible]	Can be an international project, but must contain a South Asian character	Shooting of part of post can take place in South Asia [illegible]
	[illegible]	[illegible] January 2021	[illegible]	[illegible]		[illegible]
	[illegible]	Opening October 2021	Meeting with sales agents and financiers	[illegible]	Mostly focused on TV	
	Tokyo Gap Financing Market	Opening July 2021	Meeting with sales agents and financiers	[illegible]	New projects have a minority stake coming from [illegible] partners	Max 40% gap financing Must have 60% of budget secured
	[illegible] Pitching sessions	March to September 2021	Not announced yet	[illegible]	International projects accepted	
NORTH AMERICA	USA :					
	[illegible]	At any point	Non profit fund for diversity [illegible]	Production Executive [illegible]	Minority filmmakers [illegible]	
	Chicken & Egg	August 2021	[illegible] for production costs	[illegible]	[illegible]	
	Catapult Film Fund	At any point	20 000$ for production costs	[illegible]	[illegible]	
	[illegible] Development Fund	At any point	50 000$, 1 round	[illegible]	[illegible]	
	[illegible]	At any point	Production company [illegible]	[illegible]	Minority filmmakers [illegible]	
	Tribeca Grant Fund	Not announced yet	[illegible] grants	[illegible]	[illegible]	
	[illegible] Documentary Fund	Not announced yet	[illegible] grants for production and post production	[illegible]	[illegible]	
	[illegible] Film Fund	[illegible] December 2020	Up to [illegible]	[illegible]	[illegible]	Applications for [illegible]
	[illegible] Film Fund	15th September 2020	[illegible] for all stages of development, production or post	[illegible]	Open to [illegible]	
	[illegible] Films	Invite only	Production company - Specialized in equity funding for documentaries	[illegible]	Social issues films only	
	[illegible]	At any point	Production company - Specialized in equity funding for documentaries	[illegible]	[illegible]	
	[illegible]	[illegible] March 2021	[illegible]			
	[illegible]	At any moment	[illegible]			[illegible]
	[illegible] Fellowship	Invite only	[illegible]	[illegible]	Script must not have been optioned, purchased, in production, or produced	Invite Only [illegible]
	Sundance Documentary Film Fund	Opening Late Autumn 2020	Development: [illegible] Production: [illegible]	[illegible]		The main Sundance Documentary fund open worldwide to any filmmaker [illegible]
	Sundance Additional Funds [illegible]	Opening Late Autumn 2020	Development: [illegible] Production: [illegible]	[illegible]	[illegible]	Different fund for different [illegible]
CROWDFUNDING	[illegible]		Crowdfunding for projects related with French language of France	[illegible]	[illegible]	Flexible about reaching the goals
	Kickstarter		Crowdfunding for worldwide projects	kickstarter.com	[illegible]	All or nothing goal type of campaign
	Indiegogo		Crowdfunding for worldwide projects	indiegogo.com	[illegible]	Flexible about reaching the goals
	Patreon		Funding for visual artists	patreon.com	Takes a percent of fees on the content	
	[illegible]		Crowdfunding [illegible]	[illegible]	[illegible] crowdfunding [illegible]	[illegible] crowdfunding campaigns
	Seed&Spark		Crowdfunding for North American [illegible]	[illegible]	[illegible]	You get to keep funds once you reach 80% of your goal

Domestic Total Gross	Percentage IN	Percentage OUT	Foreign Total Gross	Worldwide Gross	Widest Release (Theaters)	Awards	Similar Cannes	Similar Oscars/Academy
$ 141,319,928	37.4%	62.6%	$ 236,590,616	$ 377,910,544	2,943	Academy 2008 / 10 Oscars 8 wins	2	1
$ 7,099,055	35.7%	64.3%	$ 12,800,000	$ 19,899,055	282		2	2
$ 7,564,459	24.7%	75.3%	$ 23,077,311	$ 30,641,770	242	Academy 2003 / Cannes Festival	1	1
$ 6,000,000	30.00%	70.0%	$ 16,000,000	$ 22,000,000	144		2	2
$ 2,912,606	29.5%	70.5%	$ 6,967,365	$ 9,879,971	122	Academy 2005	2	1
$ 2,536,665	49.7%	50.3%	$ 2,565,091	$ 5,101,756	87		2	2
$ 6,199,600	38.2%	61.8%	$ 10,017,811	$ 16,217,411	153		2	2
$ 933,933	2.2%	97.8%	$ 694,646	$ 1,628,579	18	Academy 1998	2	1
$ 2,087,720	11.7%	88.3%	$ 15,785,971	$ 17,873,691	83	Academy 2009	2	1
$ 1,076,075	19.1%	80.9%	$ 4,529,426	$ 5,605,501	56	Academy 2014	2	1
$ 1,329,249	39%	61%	$ 2,070,751	$ 3,400,000	93	Academy 2015	2	1
$ 1,777,043	18.3%	81.7%	$ 7,922,957	$ 9,700,000	180	Academy 2015	2	1
$ 5,770,254	74.9%	25.1%	$ 1,929,746	$ 7,700,000.00	128	Academy 1996	2	1
$ 258,578	24%	76%	$ 816,975	$ 1,075,553.00	16		2	2
$ 6,529,624	52%	48.2%	$ 6,065,006	$ 12,594,630.00	127	Academy 2004	2	1
$ 1,198,208	12%	87.8%	$ 8,642,130	$ 9,840,338.00	47		2	2
$ 26,144	0.6%	99.4%	$ 4,028,037	$4,054,181	34	Cannes Festival 2015	1	2
$ 1,055,580	7%	92.6%	$ 13,193,169	$ 14,248,749.00	50	Cannes Festival 2007	1	2
$ 2,291,529	32.8%	78%	$ 4,683,482	$ 6,975,012.11	40	Cannes Festival 2011	1	2
$ 1,001,305	31.4%	68.6%	$ 2,178,224	$ 3,179,529.00	54	Oscars Nominated	2	1

La deuxième phase de consultation se concentre sur des études relatives au financement. Et comme il n'existe pas de source précise pour le financement d'un film libanais, il est important d'étudier les différentes possibilités de collecte de fonds pour obtenir le budget nécessaire à la réalisation d'un film. Il s'agit donc d'étudier, en premier lieu, la faisabilité du projet en termes de financement, budgétisation et distribution. Pour ce faire, nous intervenons aux différentes phases de la préparation d'un film. Si le budget est prêt, nous offrons une recherche financière détaillée en proposant trois différentes stratégies liées aux possibilités de financement local, régional et international, du privé au public, en passant par les possibilités de coproductions et de coopérations avec des associations qui peuvent avoir un impact plus conséquent sur les projets.

Si une estimation du budget existe, nous recommandons trois pays pour le tournage du projet en fonction des réductions d'impôt, des emplacements polyvalents et du niveau d'expérimentation des équipes. Une analyse comparative est ensuite effectuée. Enfin, s'il existe un intérêt pour le pré-achat, ou pour une étude distribution après que le film est achevé, nous passons à la planification d'une stratégie de distribution du projet sur différents marchés, tout en tenant compte des festivals, salles de cinéma, chaînes de télévision, vidéo à la demande, et plateformes numériques (Vimeo, Youtube). Le but est d'accorder une large visibilité aux films arabes. Dans le cas où nous recevons uniquement un scénario, nous commençons par la budgétisation, puis nous passons à la recherche de financement et enfin à la distribution, afin d'obtenir une étude qui permet d'analyser la vie d'un film d'un point de vue financier.

3. Jay Dreams : Échantillon de la troisième étude de revenus prévisionnels

NB	Status	Film Name	Distributor	Similar Distributor	MPAA Rating	Similar Rating	Language	Similar Language Arabic	Similar Language Foreign
1	International	Slumdog Millionaire	Fox Searchlight	2	R	2	Hindi	2	1
2	International	A Seperation	Sony Classics	1	PG 13	2	Persian	2	1
3	International	City of God	Miramax	2	R	2	Portuguese	2	1
4	International	Central Station	Sony Classics	1	R	2	Portuguese	2	1
5	International	Tsotsi	Miramax	2	R	2	English, Afrikaans, Zulu, Xhosa, Southern Sotho	2	2
6	International	Sin Nombre	Focus Features	2	R	2	Spanish	2	1
7	International	Rabbit Proof Fence	Miramax	2	PG	2	English	2	2
8	International	Children of Heaven	Miramax	2	PG	2	Persian	2	1
9	International	A prophet	Sony Classics	1	R	2	French; Arabic; Corsican	2	1
10	International	Timbuktu	Cohen Media Group	2	PG13	2	French	2	1
11	International	Embrace the Serpent	Oscillloscope	2	Unrated	1	Portuguese Language, Spanish Language, Latin...	2	1
12	International	Son of Saul	Sony Classics	1	R	2	Hungarian, French, German, Russian, Polish, Greek, Yiddish, Hebrew, Slovak, Czech...	2	1
13	International	Kolya	Miramax	2	PG 13	2	Czech, Slovak and Russian	2	1
14	International	Turtles can fly	IFC	2	PG 13	2	English, Kurdish, Arabic	1	2
15	International	Maria Full of Grace	Fine Line	2	R	2	Spanish, English	2	2
16	International	4 months, 3 weeks 2 days	IFC	2	Unrated	1	Romanian	2	2
17	International	Standing Tall	Cohen Media Group	2	R	2	French	2	2
1	Local	Caramel	Roadside Attractions	2	PG	2	Arabic - Lebanese	1	2
2	Local	Where do we go now ?	Sony Classics	1	PG 13	2	Arabic - Lebanese	1	2
3	Local	The Insult	Cohen Media Group	2	R	2	Arabic - Lebanese	1	2

Dans la dernière phase de consultation, nous proposons des études de marché en fonction des régions principales de la sortie du film, en adoptant des méthodes qualitatives et quantitatives. Nous présentons un document détaillé des terrains demandés, en faisant référence à nos bases de données personnelles. Il s'agit d'étudier les opportunités du marché pour un film précis et son impact dans un territoire donné, et potentiellement l'audience qu'il peut toucher dans une région spécifique, pour calculer le nombre total d'entrées possibles. En deuxième lieu, nous proposons des tactiques de marketing pour augmenter les ventes en se penchant sur l'analyse des « SWOT » ou en français « FFOM » du projet et son public cible sur différents territoires. Il s'agit d'étudier les forces, faiblesses, opportunités et menaces du marché en fonction du film. Nos études stratégiques sont liées au titre du film, au contenu des affiches, aux différentes bandes annonces (longues-courtes), aux sites web, aux pages Facebook et Instagram à créer, afin de mettre en place une campagne marketing efficace. Enfin, nous proposons une analyse détaillée pour étudier le retour sur investissement, en effectuant des études comparatives et des tests d'audience en ligne, afin d'estimer le taux de réussite du projet. Il s'agit de remplir un tableau complet de bases de données liées au film (sujet, genre, budget, production, nombre de copies, etc.) pour ensuite le comparer à 15 films similaires. Les statistiques sont présentées sous forme de graphique. Cette étude permet de savoir si le projet est viable.

En dernier lieu, pour profiter davantage des offres de la technologie, Jay Dreams propose ses consultations en ligne, quel que soit l'emplacement du client, pour briser les limites géographiques séparant les pays arabes.

3.4.2 Des agents internationaux pour briser les barrières

Un autre problème important rencontré par les talents est leur incapacité à former un réseau de contact avec les professionnels internationaux. De nos jours, il existe 4 000 festivals dans le monde. Toutefois, la participation aux festivals, voire aux marchés de films, est assez coûteuse et s'effectue en règle générale à travers des agents. Ce rôle n'existe pas dans la région. Pourtant, la représentation des talents est essentielle pour le développement de leur projet. Pour pallier ces problèmes, nous avons décidé de remplir les fonctions d'agent et de représenter certains projets dans les marchés internationaux pendant une année. Nous avons alors remarqué qu'il existe un vaste contenu sur le marché, constat inattendu. Nous avons eu l'opportunité de représenter une trentaine de projets de réalisateurs talentueux et connus dans la région parmi ces derniers Bassem Breish avec sa productrice Jana Wehbe, ainsi qu'un grand écrivain d'expression française Alexandre Najjar, qui d'ailleurs est consultant au ministère de la Culture, comme nous l'avons mentionné précédemment. Nous avons ainsi consulté leurs scénarios et leurs films, avant d'attaquer le marché.

Durant cette expérience, nous avons participé à trois marchés internationaux dans trois pays différents, où nous avons rencontré des acheteurs de films dans leurs bureaux respectifs et avons assisté aux séminaires sur le futur de l'économie du cinéma grâce à la technologie. Nous avons remarqué que le contenu libanais, voire « arabe » comme il a été nommé à l'AFM par des professionnels du métier, est demandé par les producteurs et distributeurs, même si ces films circulent peu sur le marché américain. En revanche sur le marché allemand EFM, ces films existent en plus grand nombre et la compétition est plus élevée, étant donné que les Allemands coproduisent des films avec les pays arabes. Robert Bosch est un exemple des événements qui offrent un prix aux réalisateurs et producteurs talentueux de la région arabe. Toutefois, cette cérémonie risque d'être suspendue, étant donné que, selon eux, l'attention doit également se porter sur d'autres pays. Cannes, par contre, est un lieu qui, non seulement accueille les films libanais, mais qui leur a offert à plusieurs reprises des récompenses. Toutefois, le marché est très difficile à pénétrer et les festivals de classe A sont assez nombreux. Une autre observation importante est le fait que les grandes chaînes de télévision comme BBC, HBO et les plateformes comme Netflix et Hulu sont intéressées par le contenu arabe. Netflix nous a sollicités pour le projet d'Alexandre Najjar tandis que les chaînes de télévision ont été intéressées par les projets documentaires arabes.

Nous pouvons conclure de cette expérience d'agent que des opportunités réelles existent sur le marché. Cependant, le processus de chasse aux talents, de collecte de données ou bien d'organisation de dossiers déjà collectées mais mal classées (synopsis, traitement, scénario, note d'intention, plan de financement, budget, plan de distribution, biographie, films précédents), les rencontres avec les talents menant à la signature d'un contrat demandent énormément de temps. Partant de ce constat, nous confirmons que la chaîne économique est complexe et qu'il existe de nombreuses barrières d'entrées qui demandent nécessairement l'intervention d'agents à un premier stade, pour ensuite automatiser et simplifier le travail.

Suite à ces observations, nous avons décidé de profiter de cette opportunité pour avancer davantage dans ce travail et trouver une solution plus efficace. Après avoir pris du recul pendant plusieurs mois, nous pouvons affirmer que ce processus est assez long et que les marchés sont coûteux et difficiles à pénétrer. De plus, en passant à la théorisation et en comparant le cinéma à d'autres industries, nous avons remarqué que ces dernières passent du travail manuel au travail automatisé. Toutefois, l'industrie du cinéma semble toujours bloquée dans un processus traditionnel et ancien. Nous avons donc décidé de pousser encore plus loin notre concept en tentant une automatisation de l'industrie par le biais de la start-up Scriptofilm, un marché en ligne qui simplifie les échanges entre les professionnels au-delà des barrières géographiques. L'idée est de lier scénariste et réalisateur d'un côté, aux producteurs, investisseurs et acheteurs de l'autre côté, tout en évaluant le travail des premiers pour filtrer les projets.

Cette automatisation fonctionne de la manière suivante : si un scénariste a un projet en main, il peut contacter directement un producteur, si un réalisateur a un film qu'il a autoproduit, il peut l'envoyer directement à l'acheteur sans représentant. De même, si un producteur cherche des projets, il peut trouver en ligne des talents venant de différentes régions pour discuter avec de potentiels investisseurs internationaux en ligne. Les acheteurs (cinéma, télévision, VOD), eux aussi, peuvent trouver le contenu recherché en ligne et demander une évaluation professionnelle. Le même schéma s'applique aux investisseurs. De ce fait, nous arrivons à lier l'offre à la demande directement, facilitant ainsi les liens entre les différents maillons de la chaîne cinématographique économique. Les schémas ci-dessous détaillent d'un côté la chaîne complexe existante et de l'autre celle que propose Scriptofilm qui simplifie le processus, en formant une chaîne économique saine et simple qui fonctionne de tous les côtés.

75. Chaîne économique traditionnelle

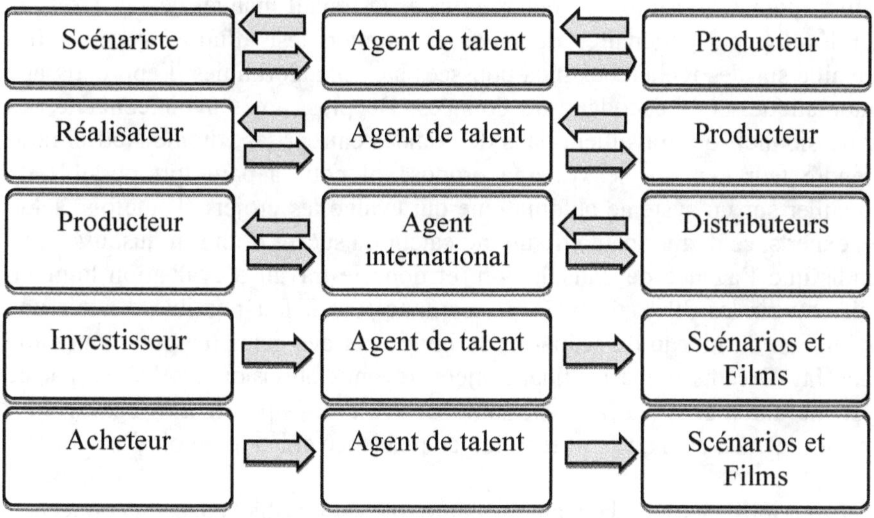

76. Chaîne économique technologique

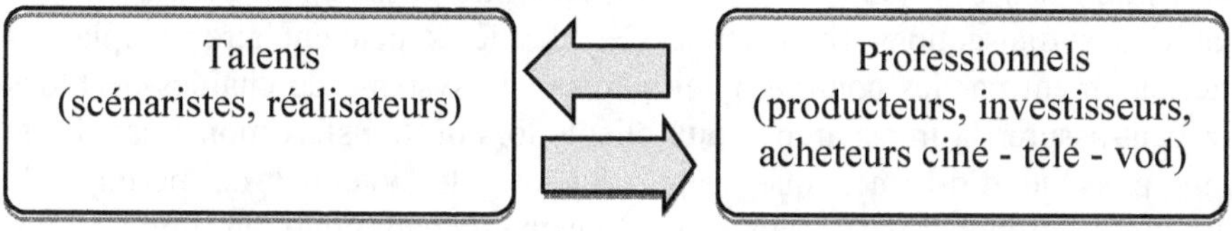

*Un algorithme lie les projets automatiquement *

3.5 Scriptofilm SAL, un marché en ligne

Comme nous l'avons déjà mentionné, Scriptofilm est une start-up créée grâce au travail de recherche dans le cadre de cette publication. La compagnie a été enregistrée aux États-Unis. Nous avons eu l'opportunité d'être sélectionnés à SPEED, un accélérateur de start-up qui a financé une partie de ce projet. De plus, nous avons eu la chance de participer à un programme d'entrepreneur dans la Silicon Valley. Aujourd'hui, l'architecture de la plateforme est achevée et est en attente de fonds pour la développer.

Le travail de cette start-up est complémentaire à celui de Jay Dreams qui évalue les projets dès leur première étape (contenu, budget, revenus). Le but est de lier les deux sociétés Jay Dreams et Scriptofilm. Cette dernière lie les talents aux professionnels automatiquement tandis que l'agence de consultation entre les deux pôles pour évaluer le contenu et le filtrer.

Dans un futur relativement proche, l'intelligence artificielle liée au langage naturel pourra être utilisée pour remplacer le travail manuel de Jay Dreams. Un développeur partenaire, a entamé les premiers tests d'un tel système. Il a travaillé sur des recherches plus poussées sur les algorithmes, l'apprentissage automatique, et le décodage de données. De plus, après avoir contacté des professionnels qui travaillent dans de grandes entreprises comme Netflix pour prendre leur avis sur le système proposé, il nous a paru fort possible de travailler sur un système automatique qui évalue les projets. Toutefois, selon les experts, ce dernier peut être un indicateur du succès d'un film jusqu'à 70 % tandis que l'agence de consultation, et donc le travail d'évaluation humain, doit couvrir les 30 % restants. Il est donc tout à fait possible d'avoir une estimation du niveau du scénario, du budget, et des gains (ce qui est nommé dans Jay Dreams scénario, financement, revenus prévisionnels). C'est par ce système automatisé qu'il est possible de créer des opportunités égales pour tous les talents, quel que soit leur lieu de résidence et leur pouvoir d'achat.

La simplification de la chaîne économique est faisable, et ce, en connectant les scénaristes et réalisateurs aux producteurs, investisseurs et distributeurs de scénarios et de films sur un marché en ligne. Elle permet aux différentes parties de saisir des données, communiquer entre elles, signer des contrats et établir des transactions financières. Ces dernières peuvent être remplacées ultérieurement par les contrats intelligents et le système de chaînes de blocs qui peut assurer la transparence aux clients lors du transfert monétaire. Il est alors possible d'affirmer que cette société a le potentiel de perturber le système traditionnel en créant « une chaîne économique en ligne » qui remplace les marchés internationaux. Toutefois, elle n'affecte pas les festivals et ce qu'ils apportent en termes de glamour et de plaisir du cinéma.

77. Complémentarité Jay Dreams-Scriptofilm

3.5.1 L'égalité des chances pour les talents de petits pays

La mission de la société est d'aider les scénaristes et réalisateurs internationaux à développer, exécuter et distribuer des films internationaux, en préservant leur identité culturelle propre. Le but est de les relier directement aux producteurs, aux investisseurs et aux acheteurs dans un marché qui facilite le réseautage multinational et les acquisitions internationales.

Quant à son objectif, il s'agit d'assurer une égalité de chances aux talents provenant des marchés émergents, comme les pays arabes, et une possibilité de créer une industrie dans un petit pays au-delà de ses frontières. Les professionnels étrangers, qui sont constamment à la recherche d'un contenu original, peuvent, au lieu d'assister aux marchés internationaux, trouver un vaste catalogue en ligne ayant comme origines différents pays et régions. Scriptofilm envisage d'offrir un meilleur service que le marché traditionnel.

Par conséquent, la société Scriptofilm détient ses propres clés pour garantir une meilleure offre. Elle se fonde sur sept valeurs fondamentales qui lui permettent de réaliser son objectif et d'encourager les intéressés à passer du secteur cinématographique traditionnel au secteur technologique.

78. Valeurs de Scriptofilm

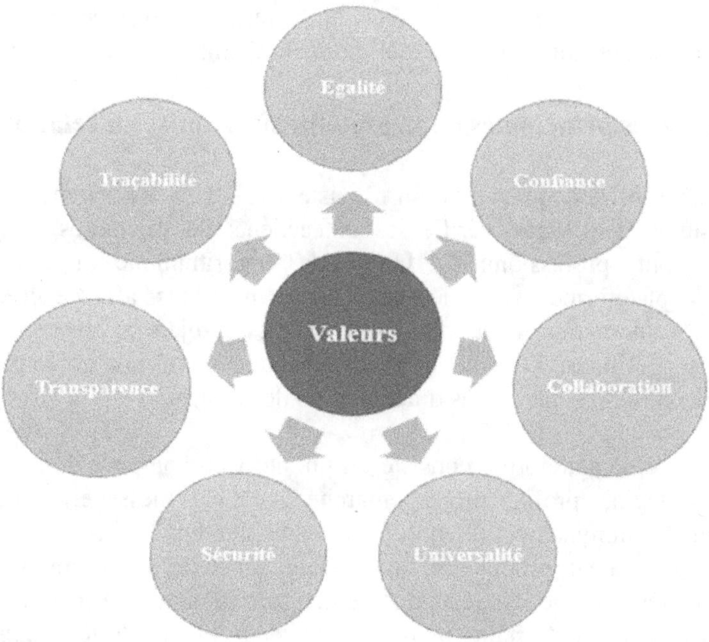

- **Égalité**

Tout scénariste, réalisateur, producteur, investisseur et acheteur a le droit de s'inscrire, quelle que soit sa situation financière et/ou son pays d'origine.

- **Confiance**

Les utilisateurs doivent signer un accord de non-divulgation en plus des conditions générales de Scriptofilm, afin de garantir la conformité avec les règles de Scriptofilm pour la protection du contenu.

• **Collaboration**
La plateforme encourage les collaborations internationales entre scénaristes, réalisateurs, investisseurs, producteurs et acheteurs de différentes cultures, toute l'année.
• **Universalité**
Le marché en ligne offre une vision universelle du cinéma qui crée des films multiculturels au-delà des frontières, et dédiés à un public plus large.
• **Sécurité**
Cette technologie permet de contrôler les conversations entre les membres de Scriptofilm dans l'intérêt d'assurer la sécurité des clients et de les protéger contre les harcèlements.
• **Transparence**
Scriptofilm fournit un niveau élevé de protection aux utilisateurs de la plateforme en matière de transactions monétaires.
• **Traçabilité**
Toutes les actions sont enregistrées dans un historique et peuvent être suivies par l'utilisateur à chaque étape et à tout moment, facilitant ainsi le travail.

3.5.2 Les pages principales de la plateforme de mise en relation

Scriptofilm offre des services qui n'existent pas dans les marchés actuels. Notre système de filtrage vérifie les antécédents des membres pour être sûr qu'ils sont professionnels. Un code algorithmique a été créé. De plus, la plateforme évalue les besoins des membres, afin de créer des connexions automatiques et de proposer des projets correspondant à la demande. Enfin, ce système offre un échange monétaire et contractuel en ligne, simplifiant le processus d'acquisition des projets.

En pratique, la plateforme consiste en un site web composé de dix pages principales login, profil, projet, marché, réseau, messagerie, contrat, acquisition, communauté et processus d'évaluation. Chaque membre (scénariste, réalisateur, producteur, investisseur, acheteur) a sa propre route, et chaque membre a une couleur différente, afin d'arriver à identifier les catégories facilement. Certains peuvent avoir deux titres à la fois, ainsi que deux couleurs, et peuvent tous avoir accès à la communauté pour partager leurs succès. Même les spectateurs ont accès à cette page d'actualité. En premier lieu, nous élaborons les routes, puis nous décortiquons les pages primaires.

<u>Ci-joint les différentes structures :</u>
⇒ **Scénariste** : profil, page de <u>scénario</u>, réseau, messagerie.
⇒ **Réalisateur** : profil, page de <u>film,</u> réseau, messagerie.

⇒ **Producteur** : profil, page de scénario, page de film (certains sont aussi créateurs de projet), réseau, marché, messagerie, contrat, acquisition

⇒ **Investisseur** : profil avec des informations supplémentaires sur le type d'investissement, marché, messagerie, contrat, acquisition.

⇒ **Acheteur (cinéma, télévision, VOD)** : profil avec des informations supplémentaires sur les territoires, marché, messagerie, contrat, acquisition.

Nous avons étudié le profil de chaque membre en faisant des tests concrets avec des professionnels du secteur, ceci afin de créer des routes uniques et de différentes pages. Le processus est simple et facile à gérer. Nous élaborons les pages principales de la plateforme sans suivre de route précise. Il est possible de consulter les différentes routes sur le site en ligne. Si nous mentionnons cette démarche, ce n'est que pour démontrer que le commerce en ligne dans le monde du cinéma est possible et pour démontrer que l'expérience du consommateur peut être plus simple ici qu'en suivant le processus traditionnel.

4. Scriptofilm : Connexion

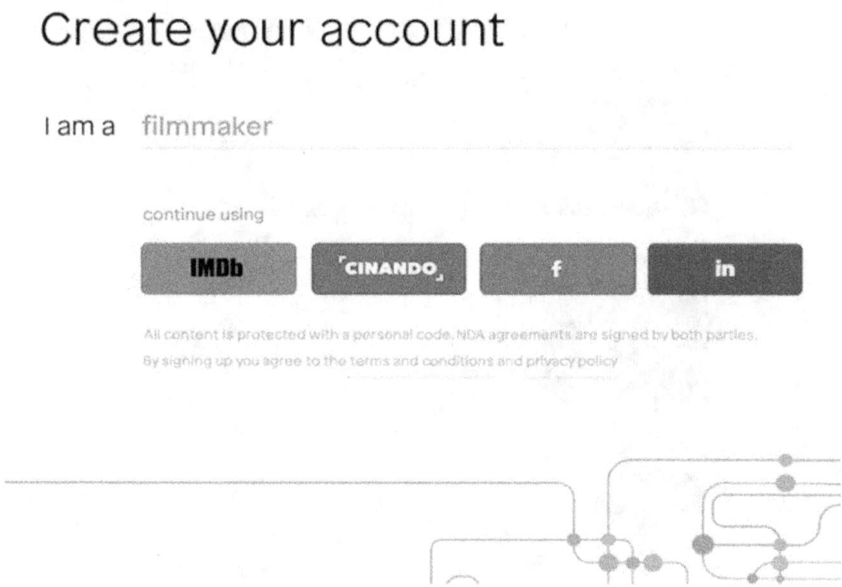

Pour avoir accès à la plateforme, les utilisateurs doivent choisir entre : **entreprises**, où ils entrent le nom et le site web de l'entreprise ; et **particuliers**, où ils doivent saisir le titre de leur dernier film et une sélection en festival, pour nous assurer qu'ils sont professionnels. L'inscription est également possible via IMDb ou Cinando qui filtrent eux-mêmes les profils.

5. Scriptofilm : Profil

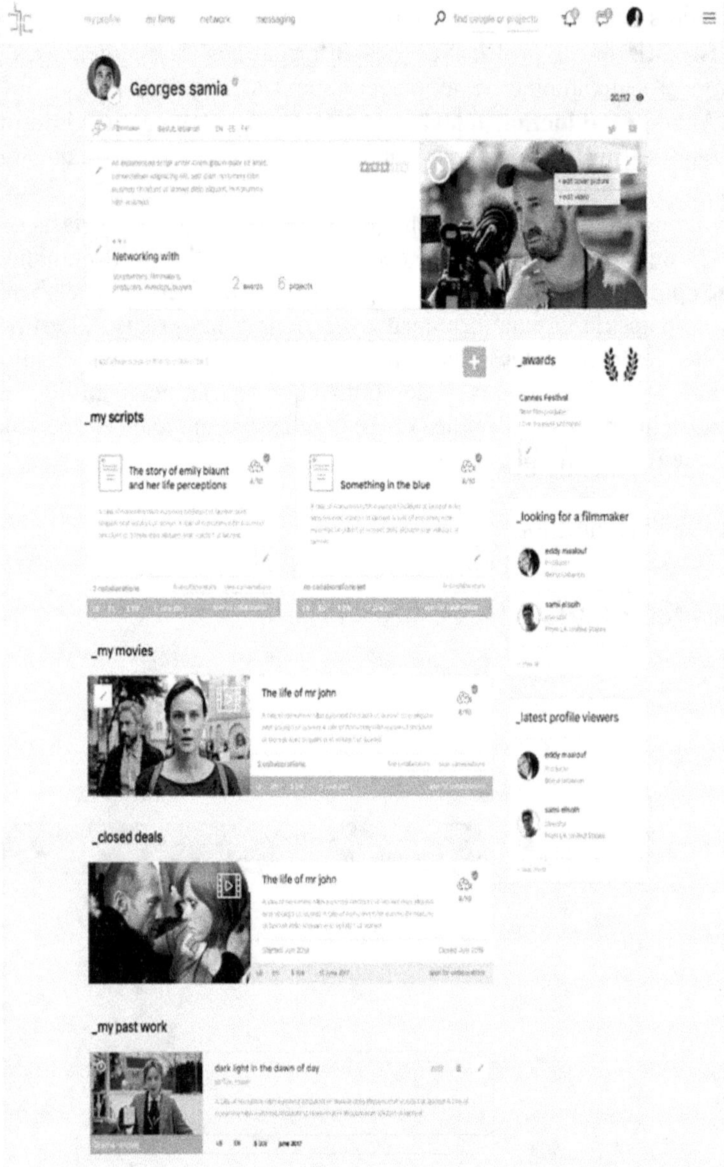

Une fois les informations approuvées par l'équipe de Scriptofilm, le profil de l'utilisateur est activé. Chaque membre clé a une conception de profil et une expérience utilisateur différente, selon sa catégorie. L'utilisateur doit procurer les informations relatives à son parcours (scénarios précédents, films et offres clôturées), ce qui rend le travail de collecte de données beaucoup plus simple.

6. Scriptofilm : Projet

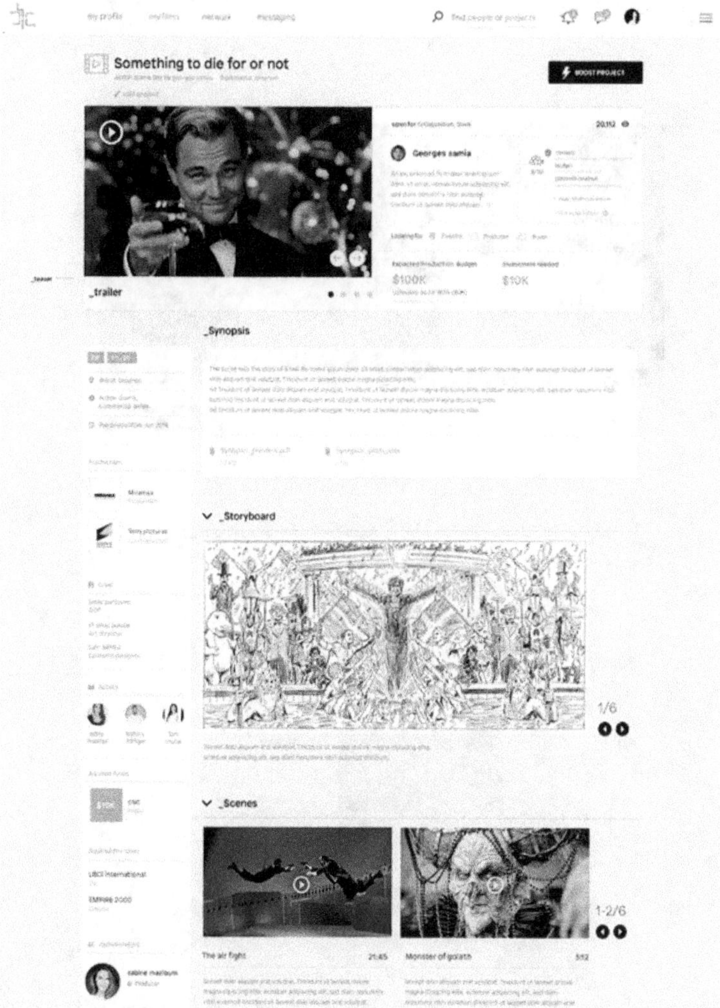

Les membres ayant des projets à proposer, par exemple les scénaristes ou les réalisateurs, remplissent des informations spécifiques liées à leur scénario (synopsis et traitement) ou à leur film (pitch et bande-annonce). Ensuite, ils déterminent les étiquettes qui les intéressent. À titre d'exemple, un scénariste peut choisir : recherche / investisseur / Chine ; alors qu'un réalisateur peut sélectionner : producteur / France / 10 ans d'expérience. Ces choix affectent le système de correspondance qui se produit à un stade ultérieur. Les utilisateurs peuvent modifier leurs critères.

7. Scriptofilm : Marché

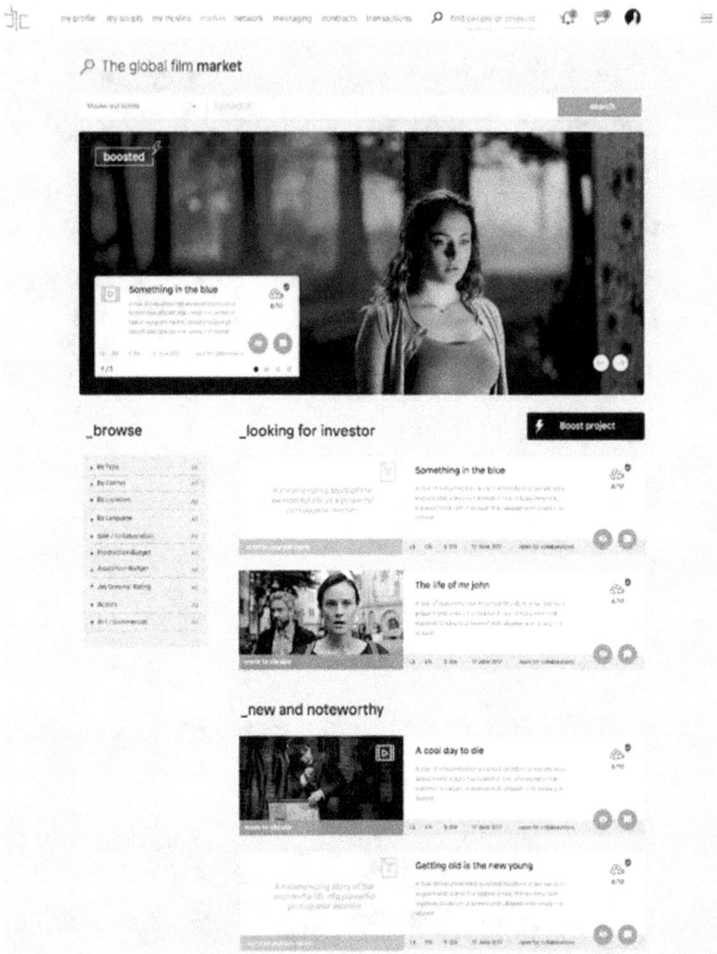

Les professionnels de l'industrie, comme les investisseurs et les acheteurs, peuvent rechercher des projets sur la page du marché, selon des critères en rapport avec le pays, le genre, le budget, etc. Ils peuvent cliquer sur un script ou un film et avoir accès directement au projet. Ils peuvent le recommander à un autre utilisateur ou simplement entamer une conversation avec le talent. Seul le synopsis est exposé. Pour avoir accès au scénario, la personne doit demander le code de sécurité au propriétaire du projet. Un accord de non-divulgation apparaît. Il doit être signé avant d'envoyer le message, offrant ainsi un marché ouvert et sécurisé.

8. Scriptofilm : Réseau

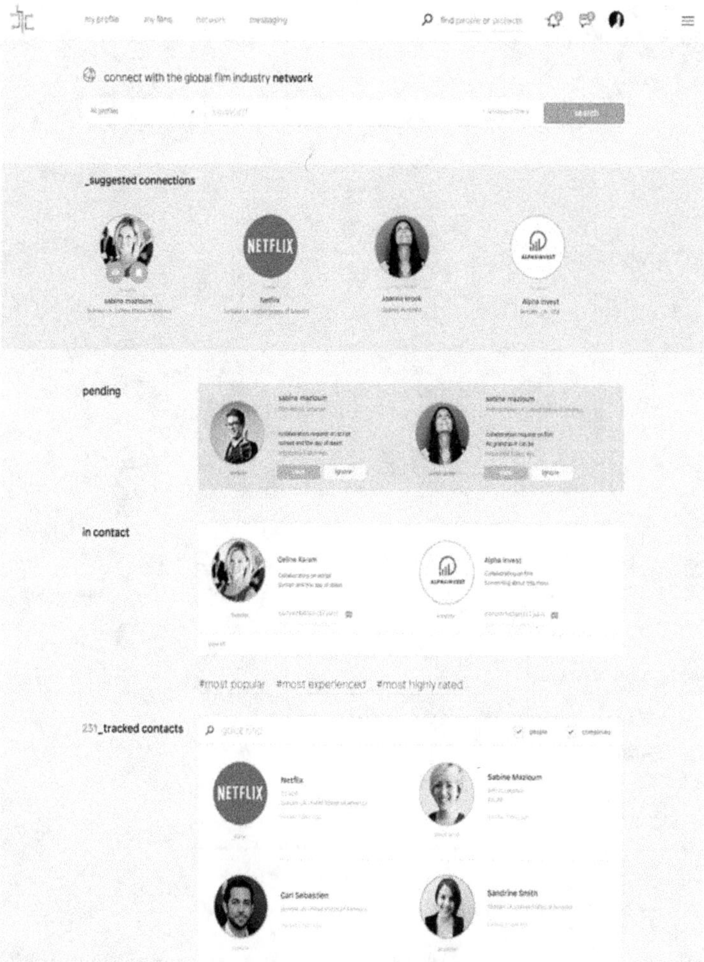

Les talents peuvent rechercher des professionnels clés de l'industrie par titre, pays, expérience, etc. Avec une analyse corrélative, notre système les associe aux investisseurs, producteurs et / ou acheteurs en fonction de leurs besoins. Une fois qu'ils ont cliqué sur la photo ou la vidéo d'un utilisateur, ils sont dirigés vers son profil. Ils peuvent demander à commencer une conversation et attendre une confirmation de l'utilisateur, ce qui rapproche les talents des professionnels de façon étudiée.

9. Scriptofilm : Messagerie

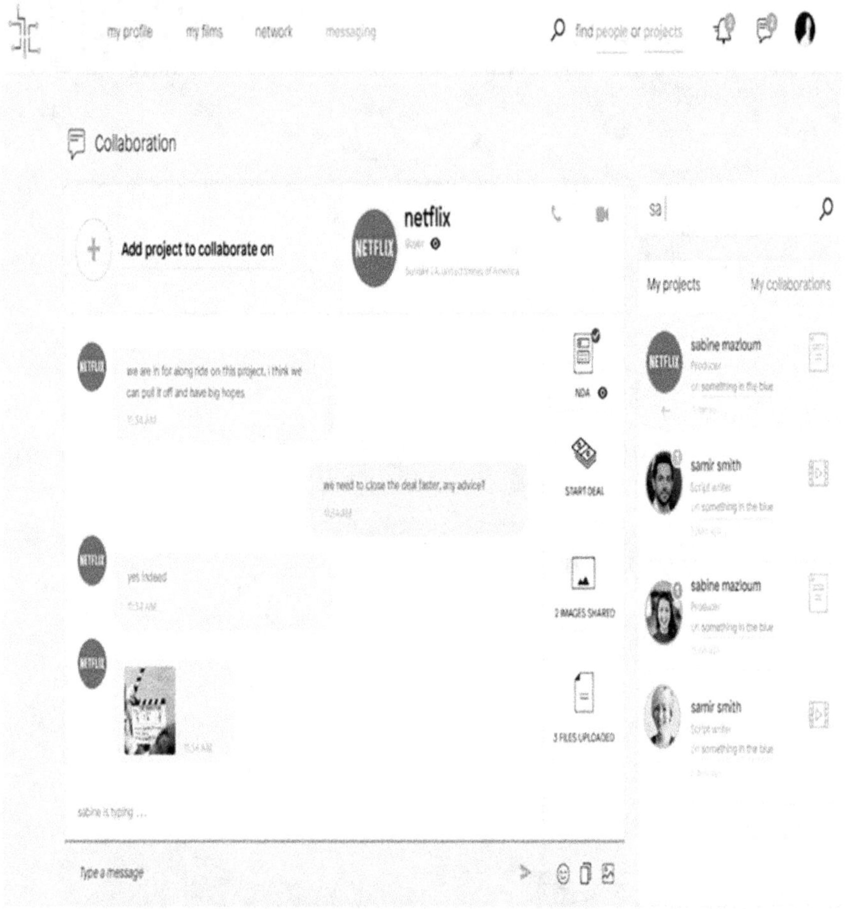

Dans les pages profil et projet, les utilisateurs peuvent cliquer sur la boîte de messagerie pour commencer une discussion au sujet d'un projet particulier à des fins de traçabilité. Par exemple, un producteur peut avoir plusieurs conversations avec un scénariste classées par titre. Le partage des vidéos est également possible. Toutes les conversations entre les parties sont sous le contrôle de Scriptofilm dans le but de garantir la sécurité de tous les membres. Ainsi, Scriptofilm offre un service complet pour les professionnels, pour qu'ils puissent rassembler et classer leurs informations automatiquement, ce qui est en réalité bien plus complexe dans le monde réel.

10. Scriptofilm : Contrat

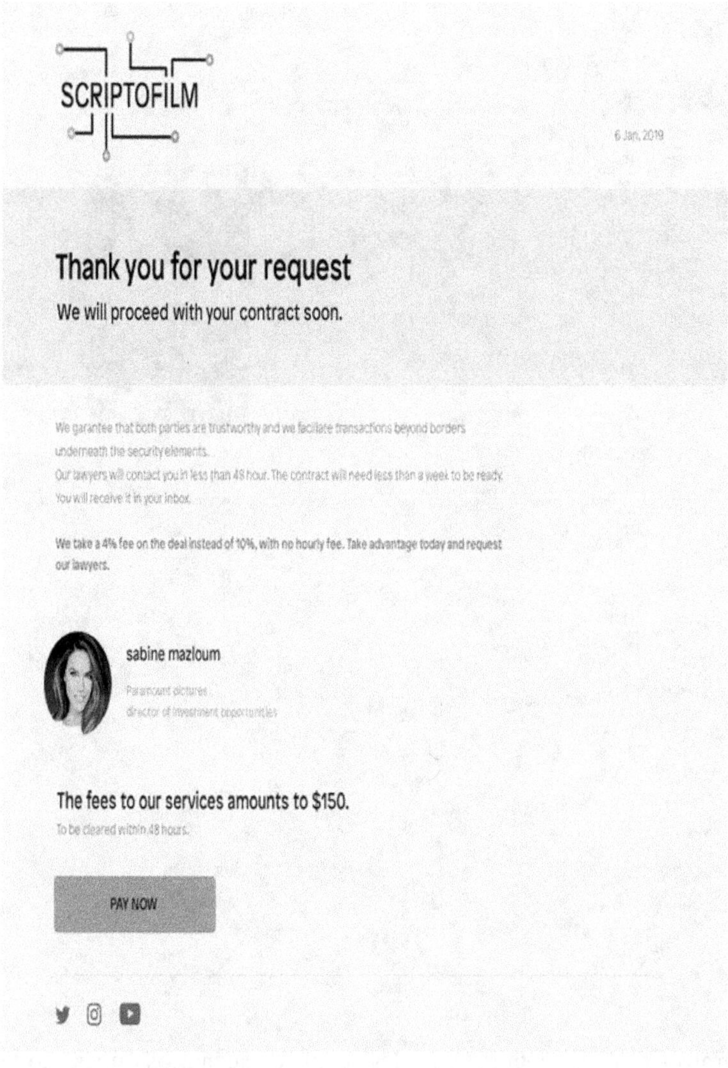

Tous les utilisateurs peuvent, à tout moment, demander à un avocat en ligne de rédiger un contrat. Pour ce faire, ils doivent remplir les informations des deux parties et le type de contrat nécessaire, tout en incluant le titre du projet. Par la suite, un avocat les contacte en moins de 48 heures et leur envoie le document en ligne, simplifiant ainsi la démarche surtout si les professionnels ont des avocats qui ne sont pas familiers avec les lois d'autres territoires.

11. Scriptofilm : Acquisition

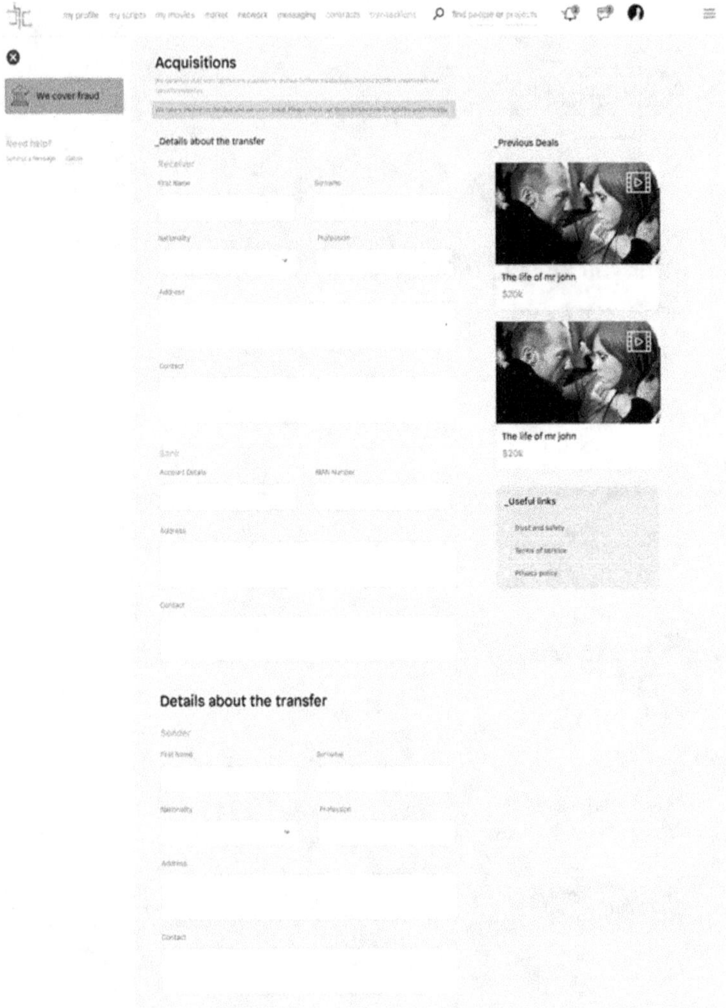

Les transactions monétaires pour les achats de scénarios ou les acquisitions de films sont suivies par Scriptofilm et traitées par une banque internationale qui vérifie les antécédents des deux parties. Les utilisateurs doivent enregistrer les coordonnées de leurs cartes de crédit et de leurs comptes bancaires sur la plateforme avant d'entamer toute conversation. La confiance est un élément clef dans le monde des affaires. Le commerce en ligne peut garantir la protection des membres.

12. Scriptofilm : Communauté

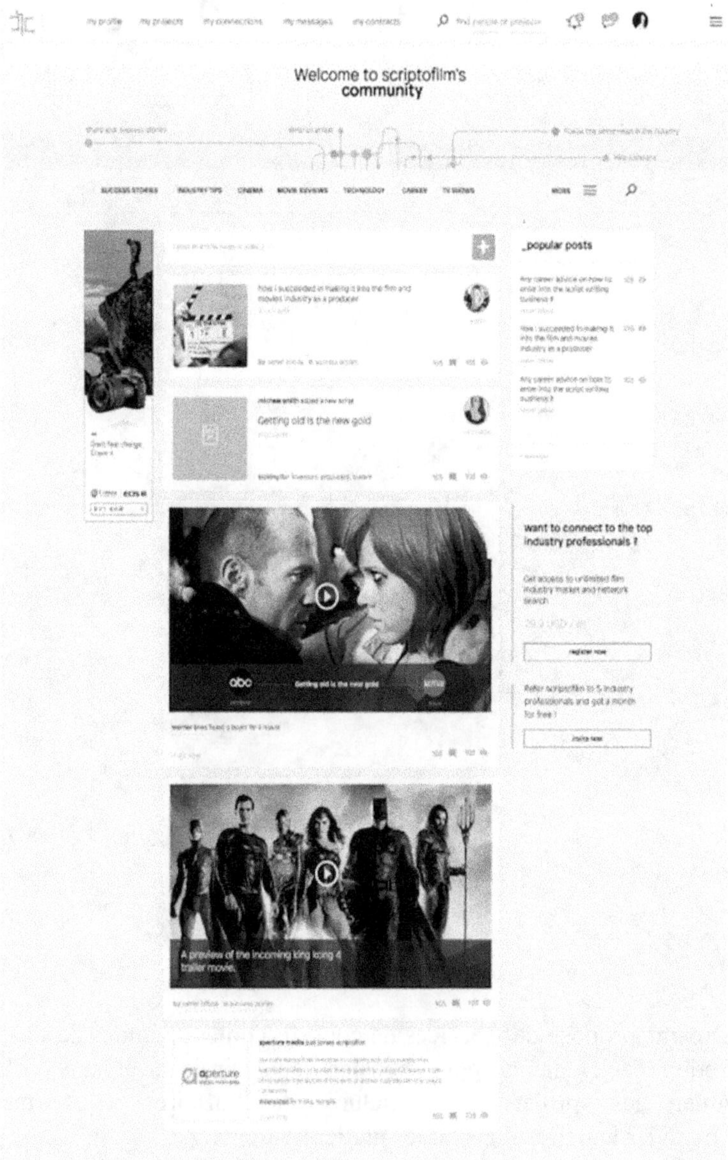

Les membres peuvent partager leurs dernières réussites (articles, vidéos, photos, etc.) sur la page de la communauté. Les membres du public (spectateurs ou autres professionnels de l'industrie) peuvent également accéder à cette page. Ils peuvent aimer et commenter les articles.

13. Scriptofilm : Évaluation

Jay Dreams propose des services de conseil (contenu, études de faisabilité, et marketing) aux talents pour booster leurs projets, et aux acheteurs pour évaluer les projets et conclure des affaires. Les membres peuvent partager leurs résultats ou les garder pour eux.

Jay Dreams est considérée comme moteur de Scriptofilm. Ainsi, ce concept accélère en quelque sorte le circuit économique d'un film et lui permet de voir le jour plus rapidement. De plus, il donne la chance aux projets moins vus d'être analysés et sélectionnés.

La force de la technologie est qu'elle permet aux consommateurs de promouvoir eux-mêmes leurs projets et de fortifier leurs contacts en ligne. Scriptofilm fournit aux utilisateurs des outils de marketing et de networking. C'est pour cette raison que notre modèle de revenus repose sur un tarif de 10 € pour booster les projets et 27.4 € pour une recherche de profils illimitée « premium ». De plus, comme le travail en ligne permet d'accepter un grand nombre de projet, les frais tendent à baisser. Ainsi, au lieu de payer 5 à 10 % du budget pour un avocat spécialisé, il sera possible de régler 3 % uniquement. De même, au lieu de payer les frais d'agents qui varient entre 10 % et 25 % (agent de talent et agent international), il devient possible d'acquérir des projets à 3 % des frais sur les transactions monétaires, offrant une protection contre la fraude. En résumé, Scriptofilm a le potentiel de rayonner à l'international dans le domaine du film, comme réelle alternative aux marchés physiques, limités, eux, par leurs périodes d'existence, puisqu'il s'agit d'un marché en ligne ouvert tout au long de l'année. La plateforme est également plus équitable : le numérique permet de créer des opportunités pour les projets qui, en temps normal, n'ont pas eu de visibilité, notamment par manque d'expertise et de réseau. En ce sens, Scriptofilm peut s'imposer et jouer un rôle considérable de catalyseur, notamment pour le monde arabe.

3.5.3 Une démarche stratégique pour l'internationalisation du cinéma

Selon une étude réalisée par la MPAA, le marché mondial est de 100 milliards d'euros. Les plateformes VOD comme Netflix, Hulu, Amazon, investissent en 2020 35 milliards d'euros dans l'acquisition de contenu international. 5 millions de professionnels travaillent dans l'industrie cinématographique à l'échelle internationale. En outre, il existe 100 000 sociétés cinématographiques et 100 000 projets sont créés de manière précoce dans les principales industries cinématographiques. Les bases de données dans les autres pays sont inexistantes en 2020, alors qu'elles deviennent de plus en plus essentielles, du fait que les plateformes VOD et les studios sont constamment à la recherche de projets originaux et locaux. Nous avons interviewé plus de 50 professionnels clés de l'industrie dans le monde du cinéma et avons mené 200 enquêtes ciblant les talents à travers des sites spécialisés dédiés aux scénaristes et réalisateurs. Pierre Sarraf, producteur de *Capharnaüm* de Nadine Labaki, a insisté sur le fait que la chaîne économique du cinéma est complexe et qu'une telle plateforme peut faciliter les tâches pour les talents et les acheteurs. Quant aux talents, 90 % ont assuré qu'ils voudraient utiliser cette plateforme. Certains ont ajouté que le processus hors ligne est obsolète, qu'il est temps de faire un changement et qu'ils sont prêts à payer une somme pour inscrire leur projet en ligne.

Sur une autre note, TBI Vision prévoit que les abonnements VOD dans le monde arabe vont doubler d'ici 2024 pour atteindre 2 milliards d'euros. Ainsi, un contenu arabe est nécessaire, d'où l'importance de cette plateforme dans la région MENA. Notre cible première est le « monde arabe », selon l'ordre suivant : Liban, Jordanie, Qatar, Émirats, Maroc, Tunisie, Arabie Saoudite, Algérie, Bahreïn, Koweït, Yémen, Syrie et Égypte.

En l'absence de concurrents dans la région, il est possible de conquérir une part importante du marché dès la première année. Cela nécessite d'attirer des talents d'un côté, et les professionnels de l'industrie de l'autre, et de les motiver afin de s'inscrire sur Scriptofilm, en commençant par le contenu, car c'est ce dernier qui attire les professionnels.

Il est évidemment compliqué de passer du marché traditionnel au marché en ligne. Toutefois, des stratégies doivent être envisagées, parmi lesquelles la mise en place de campagnes publicitaires dans les différents pôles du cinéma : laboratoires d'écriture de scénario et festivals de cinéma (hors marchés) ; mais aussi dans les instituts du cinéma (y compris le secteur éducatif), par le biais de conférences de presse. Cette tactique est combinée avec une approche plus large, celle des médias sociaux : Scriptofilm doit être présente sur les principales plateformes telles que Facebook, Instagram, YouTube, etc. Les réseaux sociaux facilitent la promotion de la marque et permettent de générer plus de circulation sur la plateforme. Nous subirons des périodes d'essai où notre stratégie marketing et notre vitesse de travail peuvent être affectées par l'offre et la qualité des scénarios que nous obtenons.

D'un autre côté, pour attirer les producteurs, les investisseurs et les acheteurs qui peuvent être intéressés par les projets que nous avons à offrir, une stratégie différente peut être suivie. Des réunions officielles peuvent avoir lieu avec des professionnels de l'industrie pour signer des partenariats. Scriptofilm a des membres dans plusieurs pays pour couvrir différentes régions. Ces personnes clés contribuent à développer rapidement un réseau. Il est important de mentionner que nous avons collecté une base de données de tous les principaux centres cinématographiques qui existent dans divers pays, de tous les événements qui ont lieu chaque année, et également des professionnels clés de l'industrie dans la région arabe et internationale. Ceci facilite grandement notre travail. Si nous analysons les stratégies de marketing, c'est pour concrétiser ce projet et pour prouver que cette passerelle entre les deux mondes existe.

Il est important de noter que ce type d'initiative commence à voir le jour. Par exemple, il existe aux États-Unis des plateformes de marché similaires à Scriptofilm, du moins par leur objectif premier, comme Blacklist reliant les scénaristes aux cinéastes, Slated reliant les projets aux investisseurs et TRX reliant les distributeurs aux acheteurs. Cependant, Blacklist ne protège pas le contenu des scénarios. Slated ne permet pas les interactions avec les investisseurs. TRX demande un paiement mensuel. Contrairement à ces plateformes, Scriptofilm propose un code personnel pour protéger les scénarios et les films, n'impose pas de frais d'abonnement et offre un réseau ouvert, non seulement pour les films américains comme le font les concurrents, mais aussi pour les films internationaux, d'où la force de la plateforme et le besoin du marché aujourd'hui de lier les petits pays aux pays plus développés qui cherchent à pénétrer de nouveaux marchés ou à contribuer à la culture d'un pays moins développé, afin que les deux parties en profitent.

En résumé, Scriptofilm remplace l'environnement chaotique des marchés physiques par une plateforme simple et accessible aux talents et aux professionnels de tous les pays. Ce marché en ligne renforce les relations et les échanges entre les membres. Ainsi, l'acquisition de projets internationaux devient possible. Ce qui confirme cela d'autant plus est le fait que la demande en contenu local ne cesse d'augmenter, puisque le public ne se limite plus à certaines zones géographiques. De ce fait, il faut réfléchir hors du cadre pour que l'industrie du cinéma libanais prospère. Une telle plateforme peut contribuer à l'enrichissement de ce secteur en promouvant le contenu local. Enfin, un tournant a définitivement été franchi.

Nous sommes entrés dans l'ère de la bataille du contenu, où les acheteurs s'affrontent pour les meilleurs projets. Le contenu n'a jamais été aussi important et aussi cher qu'aujourd'hui. C'est pour cette raison, qu'il faut que le Liban puisse proposer un catalogue riche dans le but d'exporter son cinéma. Pour ce faire, notre stratégie doit être envisagée, puis appliquée.

Conclusion

Pour en conclure, l'avenir du cinéma dépend largement des orientations de son secteur économique, et donc de la capacité des acteurs qui le composent à déployer des stratégies qui soient à la mesure des défis contemporains. Chaque entreprise dans chaque filière cinématographique doit trouver les voies de la pérennité et du développement, tout en participant à la politique du cinéma qui concerne la filière tout entière. Si nous voulons définir la stratégie à suivre, il s'agit d'un processus instrumental et procédural prenant la forme d'une planification qui, elle, est née en s'appuyant sur une méthodologie précise.

La stratégie étant une forme cohérente qui engendre d'importantes actions au fil du temps. Elle donne naissance à des composantes intentionnelles et à bien d'autres qui assurent le passage de la théorie à la pratique, permettant de cette manière d'ajuster la direction et, dans certains cas, de créer de nouvelles stratégies visionnaires et inattendues. En effet, la restructuration du modèle économique par la technologie est une nécessité pour fortifier l'économie du cinéma libanais. Il est primordial d'avoir des salles bien équipées, notamment les cinémas d'art et essai. De plus, il est important de créer de nouvelles solutions de marketing numériques, afin de pouvoir étudier les goûts des spectateurs actifs et occasionnels. Ainsi, il devient possible de leur proposer des sorties qui correspondent à 70 % de la demande.

Cette forme d'innovation peut créer de nouvelles audiences tout en se focalisant en priorité sur les jeunes spectateurs, qui utilisent le plus souvent les applications. Le futur du cinéma est donc lié à la base de données et au public de demain qui est la jeune génération des smartphones. Ainsi, il est important de fortifier les liens entre les distributeurs et les talents. La programmation participative est essentielle surtout en ce qui concerne l'auto-distribution. Des initiatives comme Secret Cinema et I like Cinema peuvent être mises en place au Liban, de même pour l'algorithme qui calcule le prix du ticket. De plus, il est primordial que les salles de cinéma offrent des cartes d'abonnement illimité, pour regarder les films libanais, mais aussi des offres de tickets en ligne pour attirer un grand nombre de spectateurs. En outre, il est important que les producteurs puissent avoir accès aux bases de données des plateformes VOD et des chaînes de télévision, afin de créer un contenu riche et rivaliser avec Netflix.

Enfin, nos initiatives personnelles, Jay Dreams et Scriptofilm peuvent contribuer à fortifier l'économie du cinéma libanais. Jay Dreams encourage et soutient les talents au Liban et dans la région MENA, en les connectant à des consultants pour fortifier leurs projets. Scriptofilm lie ces derniers directement aux producteurs, investisseurs et exploitants internationaux en créant un marché en ligne. Au lieu d'aller aux marchés internationaux pour acheter et vendre des films, il devient possible de faire un échange directement en ligne. Les talents et les professionnels peuvent se rencontrer sans dépenser des frais liés au festivals ou aux marchés (accréditations, transports, accommodations, etc.). Toutes ces stratégies liées au rôle de l'État et surtout à la technologie peuvent être étudiées dans d'autres petits pays, afin de permettre à leurs talents de gagner en visibilité, notamment à l'international. Ainsi, l'industrialisation du cinéma devient possible, indépendamment du pays d'origine, de sa dimension et de la taille de sa population.

CONCLUSION

Le Liban passe ces dernières années par une phase cruciale. Suite à la révolution d'octobre 2019 et à la dévaluation de la livre libanaise, passée de 1500 LL (0.9 euros) à 9500 LL (5.7 euros) et perdant toujours de sa valeur, il devient difficile de créer une industrie propice. Certaines déjà existantes sont difficilement maintenues, et d'autres ont arrêté leurs services. Pour que la situation soit favorable à l'émergence d'une réelle industrie, il nous parait primordial que le peuple reprenne confiance en ses gouvernants, afin de commencer à envisager une atmosphère saine, et possiblement un terrain d'entente pour engendrer une croissance exponentielle du Liban.

Les études menées nous ont permis d'envisager des stratégies à adopter une fois l'État reformé. Il nous paraît nécessaire que l'État reprenne les choses en main. Il est de son devoir de réguler le secteur en tout point et de nommer des responsables de la promotion du cinéma libanais. À ce jour, les missions du ministère de la Culture sont déléguées à un certain nombre d'acteurs privés, comme la Fondation Liban Cinéma. Bien que cette dernière ait énormément contribué au développement et à la promotion de la culture cinématographique locale, elle ne peut se substituer au rôle du département cinéma du ministère de la Culture. Il convient donc d'affirmer que ce dernier doit récupérer les pouvoirs et les missions qu'il a délégués et les réformer afin d'envisager une vision sur le long terme. L'État libanais doit se porter garant économiquement du cinéma national. Il ne s'agit pas seulement de la restructuration du secteur, il est également nécessaire que le gouvernement libanais fasse en sorte que les règles et obligations soient respectées et suivies selon les différentes modalités imposées dans les documents officiels.

Comme nous l'avons mentionné précédemment, il existe d'ores et déjà un document du ministère imposant le recrutement de professionnels et de spécialistes en mesure de gérer le département culturel, plus précisément le département du cinéma. Cette équipe doit être embauchée et prendre en charge la liste des stratégies de développement du département. Il ne s'agit pas de faire des audits ponctuels, mais de mettre en place une équipe permanente dont la mission principale est d'étudier la faisabilité des stratégies, leurs effets sur le court terme et sur le long terme, les mesures à mettre en œuvre pour les appliquer, les démarches à suivre, les priorités et les besoins secondaires pour déterminer la temporalité de mise en action des différentes stratégies. En adoptant une démarche inclusive, les experts du secteur œuvrent ensemble à la création d'une industrie cinématographique grâce à la centralisation de leurs ressources financières et humaines.

Parmi ces stratégies, la rédaction puis l'établissement de lois relatives aux différents secteurs culturels, aussi bien au secteur éducatif qu'au secteur cinématographique. Une fois les lois établies, il devient plus facile de passer à leur exécution. Dans le cas du Liban, il nous parait important de commencer par les stratégies qui peuvent voir le jour rapidement et qui peuvent créer des effets positifs sur l'industrie. Nous avons mentionné l'importance de la taxation et des incitations fiscales pour contribuer à un fonds de soutien dédié non seulement à l'écriture et à la production, mais aussi à la distribution. Il est aussi nécessaire d'encourager l'implication de la télévision, qui jusqu'à présent n'investit pas dans le cinéma, ni dans la création de certains projets ni dans le financement ni dans la diffusion des œuvres réalisées. De plus, nos études montrent que la population libanaise continue de consommer des films en salle bien qu'il existe de plus en plus de canaux de diffusion différents, comme les modes de consommation domestiques qui ne se limitent plus seulement à la télévision, laquelle ne diffuse pas assez de films.

De façon générale, les films, vus en salle ou par le biais d'autres canaux, restent un loisir important dans la vie de la population libanaise. Néanmoins, avec l'avènement de la vidéo à la demande (VOD), le catalogue des productions accessibles hors-salle s'est élargi, et le nombre de personnes regardant des films sur leurs propres écrans a remarquablement augmenté. Mais ceci peut être bénéfique par le biais de lois de production et de distribution imposées aux chaînes et aux plateformes, contre une réduction des impôts, permettant ainsi d'optimiser les relations avec les télévisions et les VOD, qui accepteront alors de contribuer au cinéma. Pour ce faire, le sous-département ministériel en charge du cinéma se doit de communiquer les lois aux professionnels et de créer un comité responsable de la surveillance du bon déroulement et de la bonne application de ces dernières. Ce travail est primordial et doit se faire sous l'égide du ministère et donc du gouvernement.

Le développement de l'industrie cinématographique doit pouvoir s'inscrire dans une campagne plus globale relative au développement économique du pays afin de créer un cercle vertueux et une chaîne économique solide. Il est essentiel que des efforts conjoints soient, non seulement encouragés, mais aussi régulés dans un but commun. De plus, pour avancer, il faut collaborer. La création d'une association pour assurer un libre-échange et développer un « cinéma arabe » est la clef du succès qui peut engendrer une industrie prometteuse. De nouvelles associations et entreprises spécialisées doivent voir le jour pour pallier le manque de vision à long terme et déterminer des stratégies et un plan financier pour créer un marché viable pour le cinéma libanais, lui-même enrichi d'un contenu de qualité.

De ce fait, nous œuvrons à l'amélioration des films locaux, nous leur donnons une place plus importante parmi les films qui sortent en salle, et nous les diffusons à la télévision de façon plus systématique, qu'il s'agisse de films commerciaux ou de films d'auteur. Il devient dès lors possible de rééduquer les goûts des spectateurs, qui seront amenés à consommer davantage de films nationaux. C'est pourquoi nous proposons l'évaluation des données pour la création de contenu local et l'implantation de la technologie en salles pour les cinémas d'art et d'essai, qui doivent être dirigées par l'État. 30 % des films doivent correspondre au cinéma de l'offre. Le but d'une telle démarche est de répondre à la demande de la majorité des spectateurs et d'offrir un cinéma neuf qui peut donc plaire à d'autres, mais qui peut aussi encourager et promouvoir la culture sur le long terme. D'un côté, l'art est important car il transmet un message de beauté et de liberté. C'est une forme d'expression libre et totale de la pensée et des émotions, par le biais de l'image et du son. De l'autre, l'aspect commercial est également essentiel, non seulement car il contribue au développement de l'économie du cinéma et permet le financement des films d'art, mais aussi parce que c'est un outil de documentation, que ce soit une histoire d'actualité ou bien un évènement d'une autre époque, retranscrit à l'image. De plus, le film commercial donne vie à l'imagination. Ainsi, il place le spectateur dans un contexte précis et l'aide à comprendre le monde qui l'entoure.

L'étude quantitative dans le chapitre 2 nous a permis de repérer les outils marketing à adopter pour attirer un public, par sexe, âge, et région, de même que le genre de films et les éléments de fonds et de formes qui les intéressent. Les données collectées nous ont permis de confirmer que l'offre ne correspond pas à la demande des spectateurs, et que les plateformes de VOD commencent à avoir un impact fort sur le terrain libanais. Il faut trouver des solutions pour engager l'audience, sinon le reste des salles, même si elles assurent un cinéma de luxe, vont devoir fermer leurs portes. Nous passons par des temps difficiles et il est nécessaire de trouver de nouveaux moyens pour communiquer avec l'audience active, mais aussi avec l'audience passive.

Nos études ont mesuré la fréquentation des passifs, tout en élaborant les causes qui freinent leurs activités, les remèdes possibles liés aux prix du ticket, au contenu proposé, mais aussi aux nouvelles formes de cinéma envisageables, tout en proposant une application qui lie l'offre à la demande. Ce qui nous a menés à penser à des solutions concrètes, lesquelles si mises en place et appliquées nous permettent d'estimer que l'industrialisation du cinéma libanais est possible. Nous nous sommes appuyés notamment sur des innovations numériques pour créer un cinéma consacré à l'art, mais aussi une application qui puisse rapprocher les exploitants des spectateurs.

Sans oublier la programmation participative, qui peut attirer les spectateurs passifs à consommer des films en salle. Nous avons également mentionné l'importance de la modification tarifaire par région grâce aux algorithmes. De plus, nous étions également à l'initiative de deux compagnies, qui peuvent contribuer directement à l'enrichissement du secteur cinématographique, tout en étant efficace dans le secteur public et privé.

Jay Dreams, agence de consultation, peut travailler aussi bien avec l'État et le ministère de la Culture, qu'avec les banques privées qui souhaitent créer un fonds. Elle permet donc de faire la jonction entre les deux pôles dans le but ultime d'encourager davantage de cinéastes à créer des œuvres, et participer à la mise en place de conditions de production et de distribution optimales. Ainsi, en réalisant des études sur mesure, nous œuvrons donc à la fortification de la production d'un film tout en pensant en amont à sa distribution. Cette démarche a pour but de créer un catalogue de films nationaux fort permettant de rivaliser avec les films étrangers installés dans le marché depuis si longtemps qu'ils sont devenus les références culturelles pour les spectateurs. Si Jay Dreams analyse le contenu et lui permet de se développer, Scriptofilm permet aux projets d'être acquis par les professionnels. Nous arrivons ainsi à résoudre un problème majeur pour les talents, à savoir, non seulement la possibilité d'évaluer leur projet, mais aussi de le vendre en ligne. Cette start-up lie les projets de scénarios et de films aux acheteurs à travers une plateforme en ligne simplifiant la chaîne économique, dans la mesure où nous proposons de passer d'un marché « offline » à une « plateforme online ». Par exemple, un producteur français peut choisir des critères spécifiques pour trouver le contenu qu'il souhaite, tandis qu'un film d'un petit pays comme le Liban gagne de cette manière en visibilité sur le marché international. De là, Scriptofilm devient un outil de recherche, et permet non seulement aux professionnels de trouver des talents, mais également de découvrir avec facilité des projets multiculturels dans le but de favoriser la diversité, d'autant plus que les professionnels sont constamment à la recherche de contenu original provenant de différents pays. Ceci est le cas des grandes compagnies qui sont intéressées par la découverte d'un cinéma nouveau, et pour les plateformes VOD qui sont à la recherche de scénarios et de films de pays différents pour répondre à la demande des consommateurs.

En nous appuyant sur nos analyses, un nouveau cycle de distribution doit voir le jour : un cycle à deux, dans lequel l'artiste entre en contact, sans intermédiaire, avec les clients intéressés par son travail. Ceci est possible grâce aux technologies « Peer-to-Peer » ou « pair-à-pair » ou « P2P » qui permettent une interaction directe, en ligne et, par conséquent, moins coûteuse. Les nouveaux fournisseurs numériques ont compris les règles du jeu et cherchent à prouver leur domination sur cette nouvelle forme du marché.

Ils essaient, d'une part, d'attirer les propriétaires de contenu, afin de conclure directement des accords avec eux, et de l'autre, d'assurer de nouvelles plateformes sur lesquelles ils peuvent diffuser ces contenus. Par exemple, Apple diffuse le contenu cinématographique, dont il achète les droits, sur ses iPad, iPhone, etc.

Afin d'attirer ces spectateurs, les professionnels de l'industrie essayent de se focaliser sur des sujets ayant déjà une audience comme les films d'action de franchise, les dessins animés classiques de leur enfance, ou même un biopic sur leur chanteur favori. Dans ces cas-ci, il est plus facile d'évaluer la demande. Producteurs, investisseurs et distributeurs doivent continuer à chercher du contenu local pour attirer les spectateurs. Si nous avons effectué cette ouverture sur l'importance de la distribution, la diaspora, et la mondialisation, c'est pour expliquer qu'il existe un potentiel énorme pour les films des petits pays, et que ni le territoire, ni la taille de l'audience peut limiter l'impact que ces projets peuvent avoir dans le monde.

Le cinéma est un médium permettant de véhiculer des idées, des histoires à la fois singulières et relatives à des contextes particuliers, mais aussi humaines, transcendant ainsi les frontières géographiques et culturelles. Mais cet art reste profondément dépendant de l'industrie en arrière-fond. Celle-ci est touchée par l'économie du pays mais également du monde.

Dans les pays comme le Liban où les cinéastes se heurtent à des limites financières, il est nécessaire de penser une refonte du système lui-même en mettant l'accent sur des études constantes des marchés, sur des innovations technologiques de façon à pouvoir mettre à jour les stratégies, quasi en temps réelles, et envisager des mesures pour encourager et favoriser le secteur. Le cinéma joue un rôle important dans la création d'une identité nationale, en plus d'être un loisir attrayant pour la population. C'est pourquoi nous estimons qu'il est du devoir de l'État de prendre en charge la création d'une industrie cinématographique, par les moyens qu'il peut proposer, mais également en favorisant toute idée novatrice œuvrant en ce sens, afin de protéger un patrimoine culturel et s'imposer face aux monopoles occidentaux. Le protéger passe nécessairement par une réforme du système lui-même, qu'il s'agisse des principaux acteurs publics ou privés. Le cinéma, tous secteurs confondus, peut s'inscrire dans une stratégie globale et devenir une pierre angulaire du développement économique, culturel, et politique du pays. Ainsi, tout professionnel du milieu doit s'armer d'une double casquette, celle d'œuvrer à la création d'une réelle industrie cinématographique forte, stable et vertueuse, tout en s'inscrivant dans une lutte plus globale, celle de l'action culturelle, car le potentiel du cinéma est immense et infini.

En résumé, nous proposons une façon de travailler neuve, qui puisse contribuer au développement du cinéma libanais. Notre démarche a été claire. Nous sommes passés de l'état des lieux du secteur cinématographique libanais dans notre premier ouvrage *L'Économie du cinéma libanais : production et distribution*, à l'analyse du terrain par les professionnels et l'audience, pour ensuite proposer des solutions concrètes liées au rôle de l'État et de la technologie. Tout cela, pour arriver à notre but, l'industrialisation du cinéma libanais, qui d'après nos analyses, peut être concrétisée.

Après l'explosion nucléaire dite « accidentelle » au port de Beyrouth le 4 août 2020, la terreur s'abat à nouve. Les citoyens sont blasés. Ils ont perdu leurs logements et des membres de leurs familles. Beyrouth, une ville en crise constante, a été détruite à nouveau, du fait d'une corruption. Malgré le drame, la résilience du peuple se révèle tous les jours sur le terrain. La communauté internationale se mobilise pour lui tendre la main. La France, douce mère du Liban, tente de lui porter secours. Or, cette fois-ci, notre volonté est de construire un État indépendant, qui puisse être en mesure de créer ses propres industries, parmi lesquelles celle du cinéma, pour que le rêve d'un cinéma national florissant devienne réalité. C'est dans ces moments de grande tristesse, de colère, et d'amertume que nous crions : « Vive la révolution ! »

RÉFÉRENCES

Articles électroniques

L'industrie cinématographique arabe

18 Deals to Get Movie Tickets on Discount in the UAE, City Times. Mis en ligne le 23/08/2017. URL : https://www.khaleejtimes.com/citytimes/in-the-city/18-deals-to-get-movie-tickets-on-discount-in-the-uae-. Consulté le 15 mai 2018.

Al-Ali (Misbah), *Residents of Embattled Tripoli Remember Golden Cinema Days*, The Daily Star. Mis en ligne le 29/03/2014. URL : http://www.dailystar.com.lb/Article.aspx?id=251611. Consulté le 17 décembre 2018.

Ben Jemâa (Abderrazek), *Le Cinéma est-il une chance pour l'économie tunisienne ?* Africulture, article n°8064. Mis en ligne le 08/09/2008. URL : http://africultures.com/le-cinema-est-il-une-chance-pour-leconomie-tunisienne-8064/. Consulté le 21 février 2018.

Jaafar (Ali), *Mideast Eager for Hollywood Business*, Variety. Mis en ligne le 09/05/2008. URL : https://variety.com/2008/film/features/mideast-eager-for-hollywood-business-1117985424/. Consulté le 20 octobre 2017.

Lamlili (Nadia), *Le Maroc pays d'accueil du cinéma mondial, un rêve à l'épreuve des islamistes*, Jeune Afrique. Mis en ligne le 13/12/2016. URL : https://www.jeuneafrique.com/381863/societe/maroc-pays-daccueil-cinema-mondial-reve-a-lepreuve-islamistes/. Consulté le 25 mars 2018.

Mingant (Nolwenn) et Benchenna (Abdelfettah), *Mapping Film in the Middle East and North Africa: Cartography, Issues, Players and Audiences*, Cinéma Mena. Mis en ligne le 19/02/2013. URL : https://cinemamena.hypotheses.org/18. Consulté le 17 janvier 2017.

Nasrallah (Tania), *Le Liban redevient une destination privilégiée pour les tournages*, L'Orient-Le-Jour. Mis en ligne le 07/11/2008. URL : https://www.lorientlejour.com/article/603015/PubliciteLe_Liban_redevient_une_destination_privilegiee_pour_les_tournagesTania_NASRALLAH.html. Consulté le 16 août 2017.

Newbould (Chris), *Is a Tax on Cinema Tickets the Answer to Raising Funds for UAE Film Industry?* The National, Art and Culture. Mis en ligne le 25/11/2014. URL : https://www.thenational.ae/arts-culture/is-a-tax-on-cinema-tickets-the-answer-to-raising-funds-for-uae-film-industry-1.323137. Consulté le 6 juin 2018.

Présentation du Liban Fiscalité, Import-Export Solutions. Mis en ligne le 12/2019. URL : https://import-export.societegenerale.fr/fr/fiche-pays/liban/presentation-fiscalite. Consulté le 17 décembre 2019.

Salem (Badar), *UAE Film Industry, To Be or Not To Be*, Your Middle East. Mis en ligne le 13/03/2013. URL : https://yourmiddleeast.com/2013/03/13/uae-film-industry-to-be-or-not-to-be/. Consulté le 25 avril 2017.

Schellen (Natascha), *Streaming Hits Big in the Middle East*, Executive Magazine. Mis en ligne le 27/06/2016. URL : https://www.executive-magazine.com/special-report/streaming-hits-big-middle-east. Consulté le 7 juin 2017.

Syoufe (Maya), *Investing in the Future of Arab Cinema*, Executive Magazine. Mis en ligne le 25/04/2014. URL : https://www.executive-magazine.com/business-finance/society/cinephilia-future-arab-cinema. Consulté le 20 septembre 2017.
Ventura-Mustienes (Gemma), *Les cinémas arabes en tournée et en tournage festivalier*, Revue des mondes musulmans et de la Méditerrannée, n°134, décembre 2013, pages 41 à 55. Mis en ligne le 17/12/2013 URL : https://journals.openedition.org/remmm/8201. Consulté le 18 septembre 2018.

L'éducation au cinéma

Adadağ (Özgür), *Le Cinéma, outil d'éducation et d'enseignement de la révolution sous le régime du parti unique en Turquie*, Revue des mondes musulmans et de la Méditerranée, juin 2016, n°139. Mis en ligne le 30/04/2015. URL : https://journals.openedition.org/remmm/8996. Consulté le 10 mars 2017.
Bourgatte (Michael), *Faire de l'éducation au cinéma et à l'audiovisuel avec le numérique*, Celluloid. Mis en ligne le 29/06/2017. URL : https://celluloid.hypotheses.org/1072. Consulté le 10 juin 2018.
Boutin (Perrine), *L'éducation au cinéma : un état des lieux*, Spirale Revue de recherches en éducation, 2007, n°40, Association pour la Recherche en Éducation, pages 95 à 104. URL : https://www.persee.fr/doc/spira_0994-3722_2007_num_40_1_1396. Consulté le 10 mars 2017.
Danet (Joël), *Histoire et enjeux de l'éducation à l'image,* Le fil des images. URL: https://www.lefildesimages.fr/histoire-et-enjeux-de-leducation-limage/. Consulté le 17 octobre 2017.
L'Education à l'image, au cinéma et à l'audiovisuel de la maternelle au baccalauréat, Education Gouvernement. URL :https://www.education.gouv.fr/cid21004/l-education-a-l-image-au-cinema-et-a-l-audiovisuel.html&xtmc=bac&xtnp=8&xtcr=115. Consulté le 17 octobre 2017.
Mumford (Sarah), *The Benefits of Film Education in Schools*, IVE. Mis en ligne le 13/05/2018. URL : https://weareive.org/the-benefits-of-film-education-in-schools/. Consulté le 22 juin 2018.
Park (Heui-Tae) et Pisano (Giusy), *Enseignement du cinéma et des médias en Corée du Sud*, Mise au point, 2015/7. Mis en ligne le 25/05/2015. URL : https://journals.openedition.org/map/1887?lang=en. Consulté le 10 mars 2017.
Porret (Marthe) et Weber (Anne-Katrin), *Réseau Cinéma CH, une nouvelle formation universitaire en Suisse*, Décadrages Cinéma, à travers champs, 2007/10, pages 126 à 130. Mis en ligne le 10/12/2012. URL : https://journals.openedition.org/decadrages/426. Consulté le 2 avril 2018.

Le public de demain

Alaoui (Kenza), *Najib Benkiran, « Le public va au cinéma pour se divertir »*, L'Economiste, n°1044. Mis en ligne le 22/06/2001. URL : https://www.leconomiste.com/article/najib-benkiran-171le-public-va-au-cinema-pour-se-divertir171. Consulté le 23 mars 2017.

Belaid (Nouha), *Comment les publics arabes utilisent les médias ?* AJO (Observatoire Arabe du Journalisme). Mis en ligne le 17/09/2016. URL : https://ajo-fr.org/derniers-articles/usagers-arabes-ne-payent-jamais-contenu-mediatique-ligne. Consulté le 23 juin 2017.
Benassi (Stéphane), *Darmon Laurent, La Satisfaction et la déception du spectateur de cinéma, Théories et pratiques*, Etudes de communication, 2016/1, n°46, Université Lille-3, Pages 191 à 196. Mis en ligne le 24/07/2016. URL : https://www.cairn.info/revue-etudes-de-communication-2016-1-page-191.htm. Consulté le 18 juillet 2017.
Carboni (Camilla), *Film Spectatorship and Subjectivity, Semiotics, Complications, Satisfactions*, Université de Stellenbosch. URL : https://scholar.sun.ac.za/handle/10019.1/2203. Consulté le 2 juillet 2017.
Chahal (Mindi), *Cinema Attendance Could Be Boosted by Innovation*, XEIM. Mis en ligne le 10/12/2014. URL : https://www.marketingweek.com/cinema-attendance-could-be-increased-by-the-right-marketing-approach/. Consulté le 31 juillet 2018.
Davis (Peter), *Spatial Competition in Retail Markets: Movie Theaters*, The RAND Journal of Economics, Volume 37, n°4, Hiver 2006, Wiley, pages 964 à 982. URL : https://www.jstor.org/stable/25046283?seq=1. Consulté le 05/02/2019.
El-Khoury (Tania), *Les Cinémas libanais et leurs publics*, L'Homme & la Société, 2004/4, n°154, L'Harmattan, pages 131 à 144. Mis en ligne le 01/04/2008. URL : https://www.cairn.info/revue-l-homme-et-la-societe-2004-4-page-131.htm. Consulté le 24 juillet 2017.
Follows (Stephen), *What Films Are older Cinemagoers Watching*? Stephen Follows Film Data and Education. Mis en ligne le 16/01/2017. URL : https://stephenfollows.com/what-older-cinemagoers-are-watching/. Consulté le 15 juin 2017.
Freifer (Rana), *Increase in Movie Goers, Local Films lead to Box-office,* Business News Lebanon. Mis en ligne le 17/01/2014. URL : http://www.businessnews.com.lb/cms/Story/StoryDetails.aspx?ItemID=3734Consulté le 25 juin 2018.
Garcin (Céline) et Dethurens (Chloé), *Les stratégies des salles pour attirer les clients*, Tribune de Genève. Mis en ligne le 26/11/2013. URL : https://www.tdg.ch/geneve/actu-genevoise/cinema-strategies-salles-attirer-clients/story/29937825. Consulté le 9 janvier 2018.
La Problématique des salles et du public cinéphile nécessite une restructuration du secteur, Le Matin. Mis en ligne le 08/03/2017. URL : https://lematin.ma/journal/2017/la-problematique-des-salles-et-du-public-cinephile-necessite-une-restructuration-du-secteur/268476.html. Consulté le 17 mars 2017.
Poirier (Nicolas), *Le Spectateur de cinéma*, Débordements. Mis en ligne le 31/01/2018. URL : https://www.debordements.fr/Le-spectateur-de-cinema. Consulté le 25 avril 2017.
Sorlin (Pierre), *Un objet à construire, les publics du cinéma*, Le Temps des Médias, 2004/2, n°3, Nouveau Monde, pages 39 à 48. Mis en ligne le 01/12/2017. URL : https://www.cairn.info/revue-le-temps-des-medias-2004-2-page-39.htm?contenu=resume. Consulté le 3 janvier 2018.
Spectatorship and Audiences, Encyclopedia. URL : encyclopedia.com/arts/encyclopedias-almanacs-transcripts-and-maps/spectatorship-and-audiences Consulté le 15 décembre 2017.

What Makes Cinema Ticket Promotions Successful? Filmology. URL : https://www.hellofilmology.com/blog/successful-cinema-ticket-promotions. Consulté le 21 août 2017.

Le cinéma, la télévision et les VOD

Benhamou (Françoise), Gergaud (Olivier) et Moureau (Nathalie), *Le Financement du cinéma par la télévision, une économétrique des investissements des chaines*, Economie & Prévision, 2009/2, n°188, La Documentation Française, Pages 101 à 112. Mis en ligne le 01/11/2009. URL : https://www.cairn.info/revue-economie-et-prevision-2009-2-page-101.htm. Consulté le 18 mars 2018.

Chazan (David), *France Strikes Back Against Netflix to Protect its "Cultural Exception"*, The Telegraph. Mis en ligne le 14/08/2018. URL : https://www.telegraph.co.uk/news/2018/07/14/france-strikes-back-against-netflix-protect-cultural-exception/. Consulté le 15 octobre 2018.

Gallagher (Kevin), *The EU Is Moving to Regulate Streaming Libraries*, Business Insider. Mis en ligne le 05/09/2018. URL : https://www.businessinsider.com/netflix-amazon-prime-video-eu-law-local-content-2018-9. Consulté le 13 janvier 2019.

Hu (Kaichen), *The Effects of Digital Video Technology on Modern Film*, Drexel University. Mis en ligne le 05/2016. URL : https://idea.library.drexel.edu/islandora/object/idea%3A6933/ Consulté le 16 mai 2017.

Italy Rolls Out "Anti-Netflix" Law to Protect Local Film Industry, The Straits Times. Mis en ligne le 18/11/2018.
URL : https://www.straitstimes.com/lifestyle/entertainment/italy-rolls-out-anti-netflix-law-to-protect-local-film-industry. Consulté le 20 octobre 2018.

Jolin (Alexandre), *Convergence numérique et convergence des stratégies de groupe des éditeurs de chaînes de télévisions traditionnelles en Europe, vers une redéfinition des modèles d'affaires des éditeurs de services de médias audiovisuels historiques*, Archive ouverte HAL. Mis en ligne le 12/12/2017. URL : https://tel.archives-ouvertes.fr/tel-01539363/document. Consulté le 30 juin 2018.

Lally (Kevin), *From Stream to Screen, MyCinema Platform Offers New Programming alternatives,* Film Journal International. Mis en ligne le 10/07/2018. URL : http://fj.webedia.us/features/stream-screen-mycinema-platform-offers-new-programming-alternatives. Consulté le 17 septembre 2019.

Mingant (Nolwenn) et Tirtaine (Cecilia), *Global Film and Television Industries Today, an Analysis of Industrial and Cultural Relations*, In Media, 2012/1. Mis en ligne le 22/03/2012. URL : http://journals.openedition.org/inmedia/111. Consulté le 21 avril 2018.

Montag (Ali*), How movie theaters are striking back against Netflix*, CNBC. Mis en ligne le 09/07/2015. URL : https://www.cnbc.com/2015/07/09/how-movie-theaters-are-striking-back-against-netflix.html. Consulté le 15 novembre 2018.

Rodriguez (Ashley), *MoviePass Had Everything Going for it- except Economics*, Quartz. Mis en ligne le 05/08/2018. URL : https://qz.com/1344052/moviepass-had-everything-going-for-it-except-economics/. Consulté le 27 mai 2018.

Soltane (Amira), *Quand le DVD concurrence « sérieusement » le cinéma en Algérie*, L'Expression. Mis en ligne le 12/11/2017. URL : http://www.lexpressiondz.com/chroniques/l-ecran-libre/quand-le-dvd-concurrence-serieusement-le-cinema-en-algerie-279675. Consulté le 15 janvier 2018.
Sordet (Pascaline), *Huit idées pour sauver les salles de cinéma*, Le Temps. Mis en ligne le 31/07/2018. URL : letemps.ch/culture/huit-idees-sauver-salles-cinema. Consulté le 13 février 2019.
Spangler (Todd), *Netflix, Amazon Would Be Forced to Maintain 30% European Content Quotas Under Proposed EU Law*, Variety. Mis en ligne le 26/04/2018. URL : https://variety.com/2018/digital/global/netflix-amazon-european-content-quota-30-percent-law-1202788631/. Consulté le 30 avril 2018.

L'évolution du cinéma dans le monde

Asbjornsen (Dag) et Solum (Ove), "*The best cinema system in the world*", Nordicom Review, Volume 24, Issue 1, pages 89 à 105. Mis en ligne le 28/02/2017. URL : https://content.sciendo.com/view/journals/nor/24/1/article-p89.xml. Consulté le 4 avril 2018.
Barraclough (Emma), *L'essor de l'industrie cinématographique chinoise*, OMPI Magazine. Mis en ligne le 04/2016.
URL : https://www.wipo.int/wipo_magazine/fr/2016/02/article_0004.html. Consulté le 20 février 2018.
Barrot (Pierre), *La Production vidéo nigériane, miroir d'une société en ébullition*, Afrique Contemporaine, 2011/2, n°238, De Boeck Supérieur, pages 107 à 121. Mis en ligne le 20/12/2011. URL : https://www.cairn.info/revue-afrique-contemporaine-2011-2-page-107.htm. Consulté le 21 février 2018.
Bjerkeland (Ingvild), *The Rise of the Regions – Norwegian Film Policy and the New Regional Cinema*, Nordic Journal of Cultural Policy, Volume 18, pages 125 à 142. Mis en ligne le 01/2015.
URL : https://www.idunn.no/nkt/2015/01/the_rise_of_the_regions_-_norwegian_film_policy_and_the_new. Consulté le 20 février 2018.
Bustamante (Mauricio), *Les Politiques culturelles dans le monde, comparaisons et circulations de modèles nationaux d'action culturelle dans les années 1980*, Actes de la recherche en sciences, 2015/1-2, n°206-207, Le Seuil, Pages 156 à 173. Mis en ligne le 14/04/2015. URL : https://www.cairn.info/revue-actes-de-la-recherche-en-sciences-sociales-2015-1-page-156.htm. Consulté le 6 janvier 2019.
Cain (Robert), *Les 6 leçons à tirer du blocage des films étrangers instauré par la Chine*, la Revue des médias. Mis en ligne le 03/11/2012. URL : https://larevuedesmedias.ina.fr/les-6-lecons-tirer-du-blocage-des-films-etrangers-instaure-par-la-chine. Consulté le 22 février 2018.
Coppola (Antoine), *La Science-fiction dans le cinéma coréen du Sud et du Nord, enjeu culturel et politique*, Sociétés, 2017/1, n°135, De Boeck Supérieur, pages 103 à 113. Mis en ligne le 10/07/2017. URL : https://www.cairn.info/revue-societes-2017-1-page-103.htm. Consulté le 22 janvier 2018.
Coppola (Antoine), *Le Cinéma nord-coréen : arme de destruction massive ?* Cahiers d'histoire, Revue d'histoire critique, 2007, n°102. Mis en ligne le 01/10/2010. URL : https://journals.openedition.org/chrhc/369?lang=en#entries. Consulté le 22 janvier 2018.

Correa (Julian), *Cinéma colombien y a-t-il de quoi pavoiser ?* Cinémas d'Amérique latine, 2011, n°19, pages 113 à 119. Mis en ligne le 01/12/2011. URL : https://journals.openedition.org/cinelatino/1132. Consulté le 20 janvier 2018.
Coussement (Jules), *2017, le cinéma chinois entre-t-il dans une nouvelle ère ?* Le Journal International. Mis en ligne le 03/01/2017.
URL : http://www.lejournalinternational.info/2017-cinema-chinois-entre-t-nouvelle-ere/. Consulté le 20 février 2018.
Defoy (Stéphane), *Rétrospective Regard sur le cinéma sud-coréen. Entretien avec Lee Mi-jeong, programmatrice invitée*, Ciné-Bules, Volume 24, n°2, Printemps 2006, pages 28 à 31. Mis en ligne le 24/03/2010.
URL : https://www.erudit.org/fr/revues/cb/2006-v24-n2-cb1085909/33614ac/.
Consulté le 20 février 2018.
Dresden (Matthew), *China Film: Quota? What Quota?* China Law Blog. Mis en ligne le 19/06/2018. URL : https://www.chinalawblog.com/2018/06/china-film-quota-what-quota.html. Consulté le 21/10/2018.
Favre (Blandine), *Le cinéma mapuche au Chili, un double regard*, Université Toulouse Jean Jaurès. Mis en ligne le 09/2016. URL : http://dante.univ-tlse2.fr/1952/7/Favre_Blandine_M22016.pdf. Consulté le 30 janvier 2018.
Forest (Claude), *L'Industrie du cinéma en Afrique – Introduction thématique,* Afrique contemporaine, 2011/2, n°238, De Boeck Supérieur, pages 59 à 73. Mis en ligne le 20/12/2011. URL : https://www.cairn.info/revue-afrique-contemporaine-2011-2-page-59.html. Consulté le 18 mars 2017.
Forest (Claude), *Le cinéma en Afrique, l'impossible industrie*, Mise au point, 2012/4. Mis en ligne le 30/08/2012. URL : https://journals.openedition.org/map/800. Consulté le 25 février 2018.
Frater (Patrick), *U.S. and China Struggle Over Film Quotas*, Variety. Mis en ligne le 09/02/2017. URL : https://variety.com/2017/biz/asia/u-s-and-china-struggle-over-film-quotas-1201979720/. Consulté le 22 février 2018.
Frédéric, *La fausse bonne idée des quotas d'exposition de films européens et français sur les plates-formes de vidéo à la demande*, Medium. Mis en ligne le 30/04/2018. URL : https://medium.com/le-futur-de-la-distribution-de-films-en-france/la-fausse-bonne-id%C3%A9e-des-quotas-dexposition-de-films-europ%C3%A9ens-et-fran%C3%A7ais-sur-les-plates-formes-f6a749eb49a1. Consulté le 5 mai 2018.
Girault (Roberto), *La production cinématographique au Mexique vue de l'intérieur*, OMPI Magazine. Mis en ligne le 11/2012.
URL : https://www.wipo.int/wipo_magazine/fr/2012/06/article_0003.html. Consulé le 27 janvier 2018.
Goh (Kerrine), *Film Success in Small Countries – from Scotland to Singapore*, Culture 360. Mis en ligne le 06/10/2011. URL : https://culture360.asef.org/magazine/film-success-small-countries-scotland-singapore/. Consulté le 22 juillet 2018.
Grivat (Olivier), *Peut-on vivre de cinéma en Suisse Normande ?* Bilan. Mis en ligne le 17/08/2015. URL : https://www.bilan.ch/finance/peut_on_vivre_du_cinema_en_suisse_romande_. Consulté le 25 février 2018.
Hoffstetter (Matthieu), *La Suisse veut attirer les tournages de films*, Bilan. Mis en ligne le 16/05/2013. URL : https://www.bilan.ch/economie/la_suisse_veut_attirer_les_tournages_de_films. Consulté le 17 février 2018.

Jamet (Jean-François), *Quels sont les déterminants de la durée d'exploitation des films au cinéma ? Une approche théorique et empirique.* URL : http://piketty.pse.ens.fr/fichiers/enseig/memothes/DeaJamet2005.pdf. Consulté le 15 novembre 2017.
Jroux (Alexandre), *La Chine renforce sa présence mondiale dans le cinéma*, La revue européenne des médias et du numérique, n°41, Hiver 2016-2017. URL : https://la-rem.eu/2017/05/chine-renforce-presence-mondiale-cinema/. Consulté le 24 février 2018.
Lang (Brent) et Frater (Patrick), *China Film Quota Talks Could Be a Casualty in Trump's Trade War*, Variety. Mis en ligne le 29/04/2018. URL : https://variety.com/2018/film/news/china-film-quota-hollywood-trump-trade-war-1202739283/. Consulté le 5 juin 2018
Lanuque (Arnaud), *Cinéma de Hong Kong, stratégie de la survie*, Asialyst. Mis en ligne le 04/07/2015. URL : https://asialyst.com/fr/2015/07/04/cinema-de-hong-kong-strategie-de-la-survie/. Consulté le 20 avril 2018.
Lanuque (Arnaud), *Quand la Corée du Nord fait son cinéma*, Asialyst. Mis en ligne le 03/06/2016. URL : https://asialyst.com/fr/2016/06/03/quand-la-coree-du-nord-fait-son-cinema/. Consulté le 20 avril 2018.
Lépine (Cédric), *État de la distribution du cinéma latino-américain en France en 2015, Mediapart*. Mis en ligne le 22/03/2016. URL : https://blogs.mediapart.fr/edition/cinemas-damerique-latine-et-plus-encore/article/220316/etat-de-la-distribution-du-cinema-latino-americain-en-france. Consulté le 20 janvier 2018.
Les Quotas audiovisuels : mettre en valeur les œuvres françaises et européennes, Clés de l'audiovisuel. URL : https://clesdelaudiovisuel.fr/Connaitre/Les-programmes-audiovisuels/Les-quotas-audiovisuels-mettre-en-valeur-les-aeuvres-francaises-et-europeennes. Consulté le 17 février 2018.
Looch (Cassam), *Why Nordic Countries Are the New Hollywood of Europe*, Culture Trip. Mis en ligne le 22/02/2019.
URL : https://theculturetrip.com/europe/norway/articles/why-the-nordic-countries-are-the-new-hollywood-of-europe/. Consulté le 27 mars 2019.
Morsch Kihn (Eva), A*natomie d'un système de soutien au cinéma proimages Colombie*, Ciné-mas d'Amérique latine, 2011, n°19, pages 100 à 105. Mis en ligne le 01/12/2011. URL : https://journals.openedition.org/cinelatino/1114. Consulté le 20 janvier 2018.
Ozdil (Yilmaz), *Le Rôle de la diaspora dans la naissance du cinéma kurde*, Hommes & Migrations, 2014/3, n°1307, Musée de l'stoire de l'immigration, pages 155 à 160. Mis en ligne le 29/01/2015. URL : https://www.cairn.info/revue-hommes-et-migrations-2014-3-page-155.htm. Consulté le 23 mars 2018.
Parc (Jimmyn), *The Effects of Protection in Cultural Industries: the Case of the Korean Film Policies*, International Journal of Cultural Policy, 2017/5, n°23, pages 618 à 633. Mis en ligne le 12/01/2016.
URL : https://www.tandfonline.com/doi/full/10.1080/10286632.2015.1116526?scroll=top&needAccess=true. Consulté le 5 mars 2018.
Pham (Annika*), Norway Admissions First 6 Months: Best Results in a Decade for Local Films*, Nordisk Film & TV Fond. Mis en ligne le 05/08/2018. URL : https://www.nordiskfilmogtvfond.com/news/stories/norway-admissions-first-6-months-best-results-in-a-decade-for-local-films. Consulté le 4 février 2018.

Policy of Quota for the Brazilian Audiovisual Output, Unesco. URL : https://en.unesco.org/creativity/policy-monitoring-platform/policy-quota-brazilian#:~:text=The%20goal%20of%20the%20quota,healthy%20balance%20with%20international%20output.&text=By%20allowing%20for%20a%20minimum,the%20titles%20in%20the%20theaters. Consulté le 15 février 2018.
Quotas and Levies, Terra Media. Mis en ligne le 16/01/2009. URL : https://www.terramedia.co.uk/media/film/quotas_and_levies.htm. Consulté le 22 février 2018.
Scoffier (Axel), *La Grande forme du petit cinéma danois,* La Revue des médias. Mis en ligne le 03/04/2014. URL : https://larevuedesmedias.ina.fr/la-grande-forme-du-petit-cinema-danois. Consulté le 19 mars 2018.
Scoffier (Axel), *Qui contrôle vraiment le cinéma chinois ?* La Revue des médias. Mis en ligne le 23/11/2015. URL : https://larevuedesmedias.ina.fr/qui-controle-vraiment-le-cinema-chinois. Consulté le 19 mars 2018.
Tax Credit Production, Italian Tax Credit Scheme, General Overview, Panorama Films. URL: http://www.panoramafilms.com/tax.html#:~:text=A.,of%20the%20overall%20production%20budget. Consulté le 15 février 2018.
Thomas (Erika), *Cinéma brésilien, essor et failles d'un modèle économique*, la Revue des médias. Mis en ligne le 06/07/2012. URL : https://larevuedesmedias.ina.fr/cinema-bresilien-essor-et-failles-dun-modele-economique. Consulté le 22 janvier 2018.
Truc (Olivier), *Depuis 15 ans, la Finlande et la Suède bâtissent une « économie de la connaissance »*, Le Monde. Mis en ligne le 24/11/2009. URL : https://www.lemonde.fr/economie/article/2009/11/24/depuis-15-ans-la-finlande-et-la-suede-batissent-une-economie-de-la-connaissance_1270660_3234.html. Consulté le 4 février 2018.
Turégano (de) (Teresa Hoefert), *La politique de production cinématographique suisse, direction Sud / direction Est*, Décadrages Cinéma, à travers champs, 2004/3, pages 111 à 118. Mis en ligne le 29/04/2013.
URL : https://journals.openedition.org/decadrages/563. Consulté le 7 février 2018.
Vernier (Jean-Marc), *L'Etat français à la recherche d'une politique culturelle du cinéma, de son invention à sa dissolution gestionnaire*, Quaderni, n°54, Printemps 2004, pages 95 à 108. URL : https://www.persee.fr/doc/quad_0987-1381_2004_num_54_1_1617. Consulté le 17 mai 2018.
Vulser (Nicole), *La Corée modifie la règle des quotas de ses films nationaux*, Le Monde. Mis en ligne le 14/02/2006. URL : https://www.lemonde.fr/cinema/article/2006/02/14/la-coree-modifie-la-regle-des-quotas-de-ses-films-nationaux_741241_3476.html. Consulté le 20 avril 2018.

Les modèles économiques cinématographiques

Bomsel (Olivier), *Valoriser les préférences, évolution du modèle économique du cinéma,* Géoéconomie, 2011/3, n°58, Editions Choiseul, pages 95 à 104. Mis en ligne le 30/12/2011. URL : https://www.cairn.info/revue-geoeconomie-2011-3-page-95.htm. Consulté le 7 décembre 2018.

Bourdier (Philippe), Bron (Jean-Albert) et Laborde (Barbara), *Introduction – Les enjeux des études cinématographiques et audiovisuelles, théories, méthodes, idéologies, finalités,* Mise au point, 2015/7. Mis en ligne le 25/05/2015. URL : https://journals.openedition.org/map/1886. Consulté le 17 décembre 2017.

Countries with the Best Film Incentives, Rodriques Law. Mis en ligne le 06/09/2017. URL : https://rodriqueslaw.com/blog/countries-best-film-incentives. Consulté le 12 mars 2018.

Demil (Benoit) et Leca (Bernard), *Architecture de marché et régulation dans l'exploitation cinématographique française*, Revue Française de Gestion, 2003/1, n°142, Lavoisier, pages 229 à 252. URL : https://www.cairn.info/revue-francaise-de-gestion-2003-1-page-229.htm. Consulté le 14 novembre 2018.

Duval (Julien), *Critique d'une analyse économique du cinéma,* Revue Française de Socio-Economie, 2012 / 2, n°10, La Découverte, pages 137 à 153. Mis en ligne le 05/12/2012. URL : https://www.cairn.info/revue-francaise-de-socio-economie-2012-2-page-137.htm. Consulté le 12 juillet 2017.

Hill (John) et Kawashima (Nobuko), *Introduction, Film Policy in a Globalised Cultural Economy,* International Journal of Culture Policy, Routledge, Volume 22, 2016 – Issue 5, pages 667 à 672. Mis en ligne le 17/10/2016. URL : https://www.tandfonline.com/doi/full/10.1080/10286632.2016.1223649. Consulté le 14 octobre 2017.

Incekara (Ahmet), Sener (Sefer) et Haykir Hobikoglu (Elif), *Economic Evaluation of the Film Industry in Terms of Strategic Management within the Scope of the Creative Innovative Industries: The Case of Turkey*, Procedia - Social and Behavioral Sciences, Volume 99, Novembre 2013, pages 636 à 647.
Mis en ligne en 2013. URL : https://www.sciencedirect.com/science/article/pii/S1877042813039797. Consulté le 8 avril 2017.

Lee (Byoungkwan) et Bae (Hyuhn-Suhck), *The effect of Screen Quotas on the Self – Sufficiency Ratio in Recent Domestic Film Markets*, Journal of Media Economics, 2004, Volume 17, Issue 3, Routledge, pages 163 à 176. Mis en ligne le 17/11/2009. URL : https://www.tandfonline.com/doi/abs/10.1207/s15327736me1703_3. Consulté le 20 juillet 2017.

Ulff-Moller (Jens), *The Origin of the French Film Quota Policy Controlling the Import of American Films, Historical Journey of Film, Radio and Television,* Volume 18, Issue 2, pages 167 à 182. Mis en ligne le 15/09/2006. URL : https://www.tandfonline.com/doi/abs/10.1080/01439689800260111. Consulté le 24 août 2017.

Ouvrages

Le cinéma arabe

Benchenna (Abdelfettah), Caillé (Patrice) et Mingant (Nolwenn) (dir. par), *La Circulation des films, Afrique du Nord et Moyen-Orient*, L'Harmattan, Paris, 2016, 354 p.

Bensalah (Mohamed), *Cinéma en Méditerranée, une passerelle entre les cultures*, Edisud, Saint-Rémy-de-Provence, 2005, 118 p.

Kasbarian (Jean-Michel), *Economie et cinéma, quelles pistes pour l'industrialisation du cinéma africain ?* In Libro Veritas, Paris, 2011, 120 p.

Mahajan (Vijay), *The Arab World Unbound, Tapping into the Power of 350 Million Customers*, Jossey-Bass, San Francisco, 2012, 432 p.

Sakr (Naomi), *Arab Television Today*, I. B. Tauris, Londres, 2007, 256 p.

L'économie du cinéma

Austin (Bruce), *Current Research in Film, Audiences, Economics, and Law (Vol. 1)*, Praeger, Westport, 1985, 232 p.

Austin (Bruce), *Current Research in Film, Audiences, Economics, and Law (Vol. 2)*, Praeger, Westport, 1986, 230 p.

Austin (Bruce), *Current Research in Film, Audiences, Economics, and Law (Vol. 3)*, Ablex Publishing, Norwood, 1987, 238 p.

Austin (Bruce), *Current Research in Film, Audiences, Economics, and Law (Vol. 4)*, Praeger, Westport, 1988, 240 p.

Austin (Bruce), *Current Research in Film, Audiences, Economics, and Law (Vol. 5)*, Praeger, Westport, 1991, 204 p.

Benhamou (Françoise), *L'Economie de la culture*, La Découverte, Paris, 2011, 128 p.

Creton (Laurent), *Cinéma et stratégies, économie des interdépendances*, Presses Sorbonne Nouvelle, Paris, 2008, 232 p.

Creton (Laurent), *Economie du cinéma*, Armand Colin, Malakoff, 2014 [1994], 304 p.

Dubet (Eric), *Economie du cinéma européen, de l'interventionnisme à l'action entrepreneuriale*, L'Harmattan, Paris, 2000, 290 p.

Forest (Claude), *Economies contemporaines du cinéma en Europe, l'improbable industrie*, CNRS, Paris, 2001, 376 p.

Forest (Claude), *L'argent du cinéma, introduction à l'économie du septième art*, Belin, Paris, 2002, 238 p.

Goldsmith (Ben) et O'Regan (Tom), *The Film Studio, Film Production in the Global Economy*, Rowman & Littlefield, Lanham, 2005, 231 p.

Ginsburgh (Victor) et Throsby (David) (dir. par), *Handbook of the Economics of Art and Culture (Volume 2)*, North Holland, Amsterdam, 2013. 704 p.

Gras (Pierre), *L'Economie du cinéma*, Cahiers du Cinéma, Paris, 2005, 96 p.

Lobato (Ramon), *Shadow Economics of Cinema, Mapping Informal Film Distribution*, British Film Institute, London, 2012, 176 p.

Paracuellos (Jean-Claude), *La télévision, clefs d'une économie invisible*, La Documentation française, Paris, 1993, 229 p.

Vivancos (Patrice), *Economie & cinéma, leurs liaisons dangereuses décodées au fil des 26 lettres de l'alphabet*, L'Harmattan, Paris, 2018, 178 p.

Le financement de films

Cabannes (Xavier), *Le Financement public de la production cinématographique,* L'Harmattan, Paris, 2006, 180 p.
Creton (Laurent) et Kitsopanidou (Kira) (dir.par), *Crowdfunding, industries culturelles et démarche participative : De nouveaux financements pour la création*, Peter Lang, Berne, 2016, 192 p.
Grove (Elliot), *Raindance Producer's Lab Lo-To-No Budget Filmmaking*, Focal Press, Waltham, 2004, 416 p.
Ricordeau (Vincent), *Crowdfunding, le financement participatif bouscule l'économie ! Pour libérer la créativité*, FYP, Limoges, 2013, 96 p.

Le marché économique

Creton (Laurent), *Cinéma et marché*, Armand Colin, Malakoff, 1997, 254 p.
Darmon (Laurent*), La satisfaction et la déception du spectateur de cinéma, théories et pratiques*, L'Harmattan, Paris, 2015, 266 p.
Durand (Jacques), *Le Cinéma et son public*, Sirey, Paris, 1958, 234 p.
Farchy (Joëlle), *Le Cinéma déchainé, mutation d'une industrie*, CNRS, Paris, 1992, 351 p.
Farchy (Joëlle), *L'industrie du cinéma*, Presses Universitaires de France, Paris, 2004, 128 p.
Forest (Claude), *Dernières séances, cent ans d'exploitation des salles de cinéma*, CNRS, Paris, 1995, 310 p.
Forest (Claude), *Quel film voir ? Pour une socioéconomie de la demande de cinéma,* Presses Universitaires du Septentrion, Villeneuve d'Ascq, 2010, 420 p.
Gellner (Ernest), *Nations and Nationalism*, Blackwell Publishers, Oxford, 1983, 160 p.
Hjort (Mette) et Petrie (Duncan) (dir. par), *The Cinema of Small Nations*, Edinburgh University Press, Edinburgh, 2007, 256 p.
Kindem (Gorham), *The International Movie Industry,* Southern Illinois University Press, Carbondale, 2000, 424 p.
Mingant (Nolwenn) et Tirtaine (Cecilia), *Reconceptualising Film Policies*, Routledge, Abingdon-on-Thames, 2017, 306 p.
Tardif (Jean) et Farchy (Joëlle), *Les Enjeux de la mondialisation culturelle*, Hors Commerce, Paris, 2006, 395 p.
Smith (Anthony), *The Ethnic Origins of Nations*, Wiley-Blackwell, Hoboken, 1987, 312 p.

Les stratégies de marketing

Eliashberg (Jehoshua), Weinberg (Charles) et Hui (Sam), "Decision Models for the Movie Industry" (chap. 13), pages 437 à 468, dans *Handbook of Marketing Decision Models* dirigé par Wierenga (Berend), Springer, New York, 2008, 630 p.
Kerrigan (Finola), *Film Marketing*, Routledge, Abingdon-on-Thames, 2017, 200 p.
Marich (Robert), *Marketing to Moviegoers, A Handbook of Strategies and Tactics*, Southern Illinois University Press, Champaign, 2013, 417 p.
Mingant (Nolwenn), Tirtaine (Cecilia) et Augros (Joel), *Film Marketing into the Twenty-first Century*, British Film Institute, London, 2015, 288 p.

Professionnels et experts du digital, Théodore (Laetitia), *Internet Marketing 2017*, Elenbi, Paris, 2017, 510 p.
Wyatt (Justin), *High Concept, Movies and Marketing in Hollywood*, University of Texas Press, Austin, 1993, 249 p.

Le futur du cinéma

Creton (Laurent) (dir. par), *Le cinéma à l'épreuve du système télévisuel*, CNRS, Paris, 2003, 314 p.
Crisp (Virginia), *Film Distribution in the Digital Age, Pirates and Professionals,* Palgrave, Macmillan, London, 2015, 206 p.
Curtin (Michael) et Sanson (Kevin) (dir. par), *Precarious Creativity, Global Media, Local Labor,* University of California Press, California, 2016, 334 p.
Deprez (Camille), *Bollywood, cinéma et mondialisation,* Presses Universitaires du Septentrion, Villeneuve d'Ascq, 2010, 252 p.
Forest (Claude), *L'Internationalisation des productions cinématographiques et audiovisuelles*, Presses Universitaires du Septentrion, Villeneuve d'Ascq 2017, 289 p.
Genevray (Jérôme), *Cinéma guérilla, mode d'emploi*, Dunod, Malakoff, 2012, 224 p.
Iordanova (Dina) et Cunningham (Stuart) (dir. par), *Digital Disruption, Cinema Moves On-Line*, St Andrews Film Studies, Fife, 2012, 231 p.
Laraqui (Abed), *L'industrie du cinéma face à la dématérialisation numérique*, Editions universitaires européennes, 2014, 164 p.
Le Club des 13, *Le milieu n'est plus un pont mais une faille*, Stock, Paris, 2008. 317 p.
McQuivey (James), *Digital Disruption, Unleashing the Next Wave of Innovation*, Amazon Publishing, Seatle, 2013, 171 p.
Lelouche, *Quel cinéma pour demain ?* Dixit, Paris, 1996, 327 p.
Mellor (Noha) et al., *Arab Media, Globalization and Emerging Media Industries*, Polity, Cambridge, 2011, 256 p.
Moriset-Mayoux (Claire), *L'industrialisation du cinéma ou l'émergence du triple marché*, ANRT, Villeneuve d'Ascq, 1996, 500 p.
Nikolic (Vladan), *Independent Filmmaking and Digital Convergence*, Routledge, Abingdon-on-Thames, 2016, 282 p.
Salson (Agnes) et Arnal (Miikael), *Rêver les cinémas, demain*, Ateliers Henry Dougier, Paris, 2015, 96 p.
The Film Collaborative, Reiss (John) et Candler (Sheri), *Selling Your Film Without Selling Your Soul,* Film Collaborative, 2011, 160 p.
Wasko (Janet) et Erickson (Mary) (dir. par), *Cross-Border Cultural Production, Economic Runaway or Globalization?* Cambria Press, New York, 2008, 400 p.

Travaux de recherche et rapports :

Agence pour le Développement Régional du Cinéma, *Créer ou transformer un cinéma., guide pratique de conduite de projet*, 2019.
Cheng (Timothy), *Public Relations and Promotion in Film, How It's Done and Why It's Important,* mai 2014.
CNC, *Le processus de décision au cinéma*, septembre 2000.
CNC, *La taxe sur les entrées en salles de spectacles cinématographiques (TSA)*, mars 2007

CNC, *Panorama des outils de coopération cinéma*, novembre 2017.
CNC, *Les pratiques digitales des salles de cinéma,* septembre 2018.
Département des études de la prospective, Développement culturel n°80, *Où en est la fréquentation du cinéma ?* juin 1989.
Dura (Jean-Marie), *La Salle de cinéma de demain*, septembre 2016.
Europa Cinemas Audience Development & Innovation Lab, *How to Make the Cinema Experience More Attractive? Key strategies to Develop Audiences in the Digital World,* Séville, 14-17 novembre 2018.
Faculté des Lettres et des Sciences Humaines d'Oujda, *L'Industrie du cinéma au Maroc et en Afrique sub-saharienne, vers une coopération Sud-Sud ?* Oujda, 3-4 avril 2018.
Fondation Liban Cinéma, *Distribution des films arabes dans les pays arabes,* mars 2018.
Gubbins (Michael), Judah (Tara), *New Approaches to Audience Building, A Survey of Innovation in the Europa Cinemas Network*, mai 2017.
Habib (Elie), *Banque de Liban (BDL), Circular 331.*
IDAL, *Invest in the Media Sector*, Beyrouth, mars 2015.
KPMG, *Film Financing and Television Programming, A taxation Guide, Sixth Edition*, 2012.
Lane (David) et Husemann (Elke), *Movie Marketing Strategy Formation with System Dynamics, Towards a multi-disciplinary adoption/diffusion theory of cinema-going*, 2004.
SENAT, *Economie et culture – Le cas de la Corée du Sud*, mars 2004.
Sedgwick (John) et Pokorny (Michael), *The Consumption Characteristics of Film*, 2006.
Thiollière (Michel) et Ralite (Jack), *Evolution du secteur de l'exploitation cinématographique*, n°308, Sénat, 2003.
UNESCO, *Diversity and the Film Industry, an Analysis of the 2014 UIS Survey on Feature Film Statistics*, 2016.

ANNEXES

Le site web de Jay Dreams

Jay Dreams : première page du site web

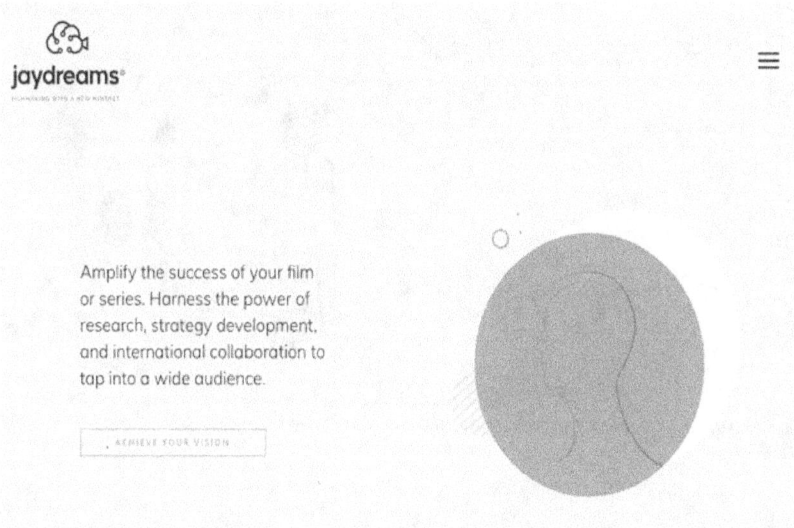

Jay Dreams : mission et vision

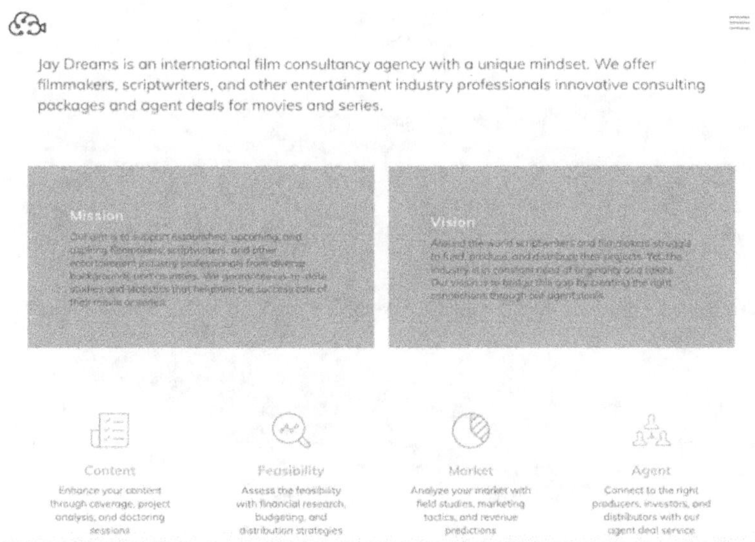

Jay Dreams : Networking

Network

Jay Dreams' network is comprised of seasoned consultants with substantial experience working on projects for the movie, television, and online streaming industries at local and international companies.

These specialists from different countries, backgrounds, and age groups feature authorities in diverse roles: VR & Video Film Content Specialist, President Financial Strategies Film Services, Emmy Award Researcher, EVP International Strategic Marketing, Data Analyst Machine-Learning Expert, and respected names from different universities, including UCLA, Concordia, and Columbia University.

Jay Dreams : avis des professionnels

Professionals' Reviews

Content Development

"The content evaluation process merges a highly effective set of options, combining high industry standards and an excellent flexible approach that enables screenwriters and producers to select an appropriate level of support for a project's development needs at any given point."

David P.
International Script Consultant —
Advance Films

Feasibility Study

"Jay Dreams brings an interesting innovative and streamlined approach to the development and budgeting process of filmmaking. An immensely valuable aspect of the industry is the unique comparison of viability costs and returns associated with filming and distribution."

Michael K.
Production and Budgeting —
Universal Studios

Marketing Analysis

"The potential of Jay Dreams is exciting. By focusing squarely on international cinema, a marketplace that is relatively unchartered territory (algorithmically speaking), Jay Dreams can open the door to films and filmmakers that fall under the data-gathering radar."

Colin B.
Analyst and Professor at NYU —
The Future of Film

L’architecture de Scriptofilm

Scriptofilm : première page du site web

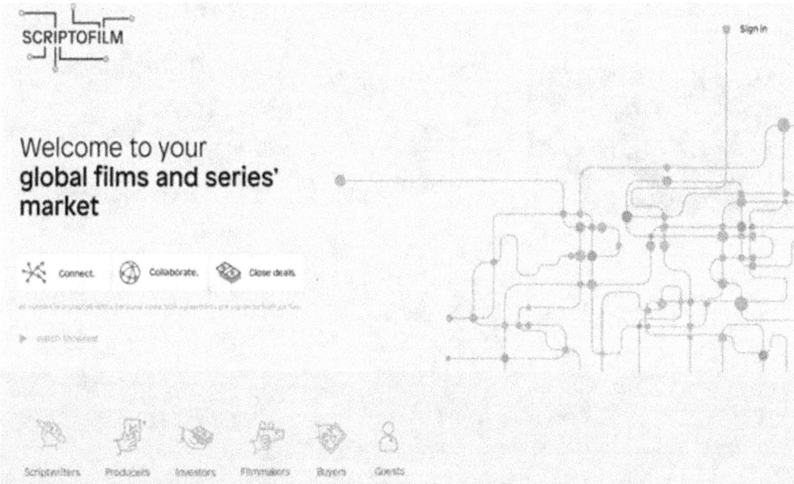

Scriptofilm : marché en ligne

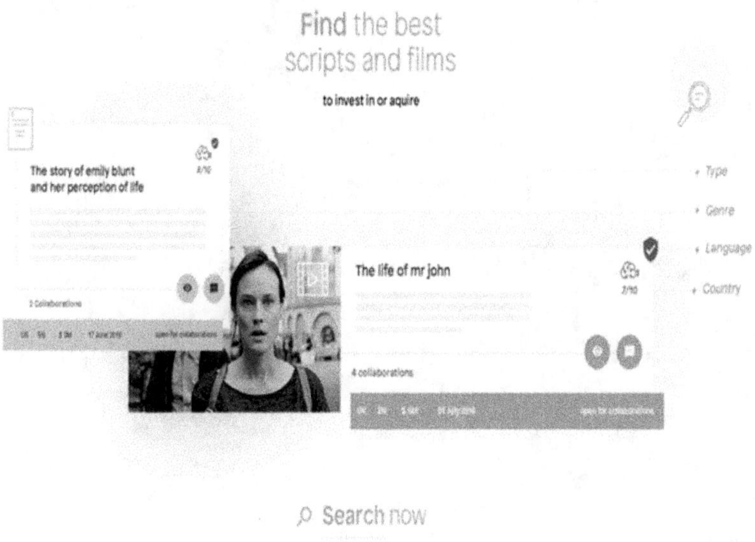

Scriptofilm : mise en relation en ligne

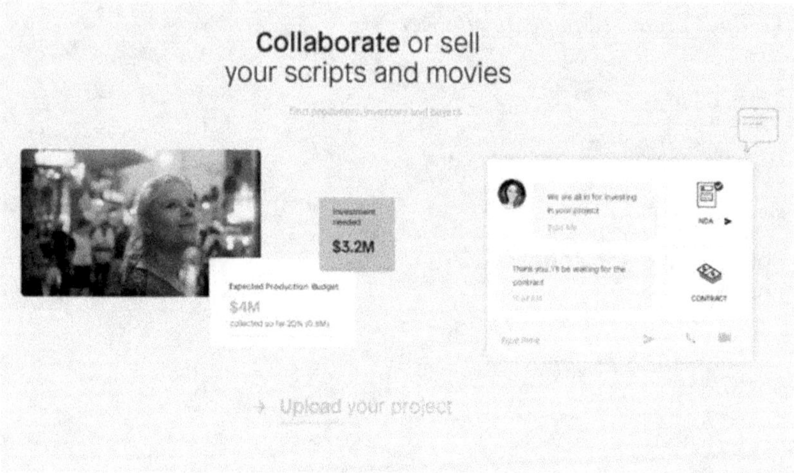

Scriptofilm : des actualités sur le cinéma

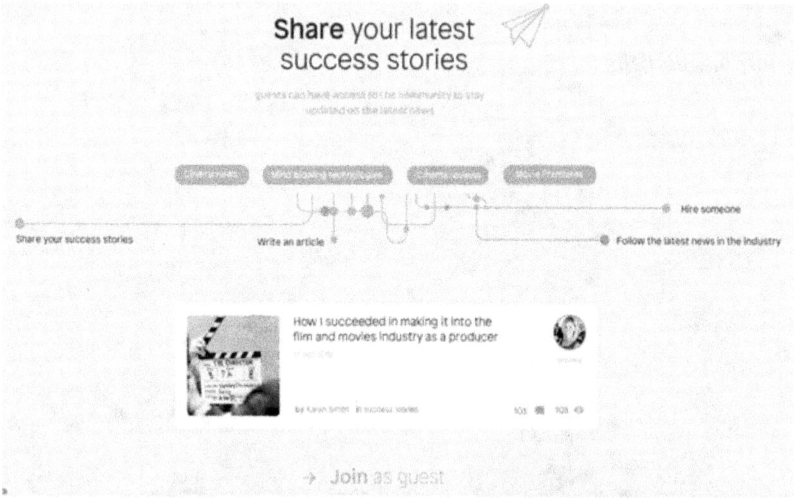

INDEX

Index des noms propres

Index des sigles

Index des graphiques et des tableaux

Index des images

Table des matières

Structures éditoriales du groupe L'Harmattan

L'Harmattan Italie
Via degli Artisti, 15
10124 Torino
harmattan.italia@gmail.com

L'Harmattan Hongrie
Kossuth l. u. 14-16.
1053 Budapest
harmattan@harmattan.hu

L'Harmattan Sénégal
10 VDN en face Mermoz
BP 45034 Dakar-Fann
senharmattan@gmail.com

L'Harmattan Cameroun
TSINGA/FECAFOOT
BP 11486 Yaoundé
inkoukam@gmail.com

L'Harmattan Burkina Faso
Achille Somé – tengnule@hotmail.fr

L'Harmattan Guinée
Almamya, rue KA 028 OKB Agency
BP 3470 Conakry
harmattanguinee@yahoo.fr

L'Harmattan RDC
185, avenue Nyangwe
Commune de Lingwala – Kinshasa
matangilamusadila@yahoo.fr

L'Harmattan Congo
67, boulevard Denis-Sassou-N'Guesso
BP 2874 Brazzaville
harmattan.congo@yahoo.fr

L'Harmattan Mali
Sirakoro-Meguetana V31
Bamako
syllaka@yahoo.fr

L'Harmattan Togo
Djidjole – Lomé
Maison Amela
face EPP BATOME
ddamela@aol.com

L'Harmattan Côte d'Ivoire
Résidence Karl – Cité des Arts
Abidjan-Cocody
03 BP 1588 Abidjan
espace_harmattan.ci@hotmail.fr

L'Harmattan Algérie
22, rue Moulay-Mohamed
31000 Oran
info2@harmattan-algerie.com

L'Harmattan Maroc
5, rue Ferrane-Kouicha, Talaâ-Elkbira
Chrableyine, Fès-Médine
30000 Fès
harmattan.maroc@gmail.com

Nos librairies en France

Librairie internationale
16, rue des Écoles – 75005 Paris
librairie.internationale@harmattan.fr
01 40 46 79 11
www.librairieharmattan.com

Lib. sciences humaines & histoire
21, rue des Écoles – 75005 Paris
librairie.sh@harmattan.fr
01 46 34 13 71
www.librairieharmattansh.com

Librairie l'Espace Harmattan
21 bis, rue des Écoles – 75005 Paris
librairie.espace@harmattan.fr
01 43 29 49 42

Lib. Méditerranée & Moyen-Orient
7, rue des Carmes – 75005 Paris
librairie.mediterranee@harmattan.fr
01 43 29 71 15

Librairie Le Lucernaire
53, rue Notre-Dame-des-Champs – 75006 Paris
librairie@lucernaire.fr
01 42 22 67 13

www.ingramcontent.com/pod-product-compliance
Lightning Source LLC
LaVergne TN
LVHW010938061026
849535LV00007B/2470